职业教育电子商务专业系列教材

ZHIYE JIAOYU DIANZI SHANGWU ZHUANYE XILIE JIAOCAI

网络营销实务

主　编 / 叶　敏

副主编 / 陈苏瑶　李　萍　陈腾伟　黄　劲

参　编　（排名不分先后）

　　　　钟夏薇　曾海均　麦黛洁　李景梅　詹茗东

重庆大学出版社

内容提要

本书以网络营销分析框架及业务流程为主线进行编写,全书采用项目化、任务驱动模式编写,每个项目包括项目综述、项目目标、情境设计、任务分解、知识窗、活动实施、活动评价和合作实训等环节,通过实际案例,突出实际应用,注重培养学生的网络营销策划和项目执行能力。全书内容包括认识网络营销、开展网络市场调研、网络消费行为分析、选择网络目标市场、网络营销硬性推广、网络营销软性推广和网络营销效果评估七个项目。

本书可作为中高职电子商务、市场营销等相关专业的教材或教学参考书,也可供网络创业者、电子商务从业人员阅读和参考。

图书在版编目(CIP)数据

网络营销实务/叶敏主编.--重庆:重庆大学出版社,2018.12(2024.1重印)
职业教育电子商务专业系列教材
ISBN 978-7-5624-8309-0

Ⅰ.①网… Ⅱ.①叶… Ⅲ.①网络营销—职业教育—教材 Ⅳ.①F713.365.2

中国版本图书馆 CIP 数据核字(2018)第 271514 号

职业教育电子商务专业系列教材

网络营销实务
WANGLUO YINGXIAO SHIWU

主　编 叶　敏
副主编 陈苏瑶　李　萍　陈腾伟　黄　劲
策划编辑:王海琼

责任编辑:陈　力 方　正　　版式设计:莫　克　王海琼
责任校对:张红梅　　　　　责任印制:赵　晟

*
重庆大学出版社出版发行
出版人:陈晓阳
社址:重庆市沙坪坝区大学城西路 21 号
邮编:401331
电话:(023)88617190　88617185(中小学)
传真:(023)88617186　88617166
网址:http://www.cqup.com.cn
邮箱:fxk@cqup.com.cn(营销中心)
全国新华书店经销
重庆愚人科技有限公司印刷

*
开本:787mm×1092mm　1/16　印张:13.5　字数:295 千
2019 年 1 月第 1 版　　2024 年 1 月第 9 次印刷
印数:19 001—21 000
ISBN 978-7-5624-8309-0　定价:36.00 元

www.□.com

编写人员名单

主　编　叶　敏　广东省华侨职业技术学校

副主编　陈苏瑶　深圳市第一职业技术学校

　　　　　李　萍　广东省华侨职业技术学校

　　　　　陈腾伟　广东省华侨职业技术学校

　　　　　黄　劲　湛江机电学校

参　编　（排序不分先后）

　　　　　钟夏薇　广东省华侨职业技术学校

　　　　　曾海均　佛山市高明区职业技术学校

　　　　　麦黛洁　广州市旅游商务职业学校

　　　　　李景梅　深圳市博伦职业技术学校

　　　　　詹茗东　福建尤溪职业中专学校

前　言

近年来,电子商务伴随着互联网的广泛应用而得到迅猛的发展,这也给企业提供了一个新的竞争平台和相应的发展空间。电子商务在给人们提供信息和娱乐服务的同时产生了网络营销这一新的营销模式。网络营销正影响着人们的消费观,改变着人们的消费方式和生活方式。反过来对企业而言,一个又一个成功的网络营销推广案例证明,它能使企业产品广而告之,为企业建立良好形象、树立品牌、开拓市场。如何在"互联网+"这个不断出现新事物的时代里用好网络营销这把"利刃",各个企业的招数可谓层出不穷,如软文推广、SEO 营销、百度竞价排名、邮件营销、论坛营销、微博营销、SNS 营销、视频营销、微信营销等。网络营销不仅是指网上销售,而且也指为了最终实现产品销售、提升品牌形象所进行的一系列活动。

本书正是基于电子商务发展对企业网络营销人才需求的推动应运而生的。本书把网络营销理论融入实际案例和实际操作中,通过"情境引入—任务实施—项目检测"的拓展模式进行编写,内容充实,体现理论联系实际的教学理念,对理论知识、操作技能进行筛选和整合,活动实施、任务实施的编排突出实践环节,激发学生的学习热情,提升学生的思维能力和实际操作能力。本书在习近平新时代中国特色社会主义思想指导下,落实"新工科"建设新要求,根据现代企业对网络营销岗位的要求,精心设计各个项目的教学任务,每个任务都有翔实的任务分解及技巧提示,并把企业真实的工作内容提炼出来作为项目检测,让学生在未来的职业生涯中能迅速适应网络营销各工作岗位的需求。

本书根据网络营销的理论并结合企业网络营销实际案例来编写,内容充实且切合实际,适合中职学生学习掌握。叶敏担任本书主编,建构全书框架及大纲。全书编写分工如下:项目1由曾海均编写,项目2由詹茗东、李景梅编写,项目3由麦黛洁编写,项目4由陈苏瑶编写,项目5由叶敏、陈腾伟、钟夏薇编写,项目6由黄劲编写,项目7由李萍编写。

在本书出版之际,特别感谢电子商务领域的所有同行。在本书的编写过程中借鉴和参考了国内外相关的文献资料,感谢这些作者的知识分享,为了表达对这些原创作者的尊重,在书中通过参考文献的方式标注出来。其中难免会有遗漏的地方,再次代表读者感谢这些作者研究成果的分享。

由于网络营销的技术、手段正在不断创新,本书难免存在疏漏之处,恳请广大读者、专家和同行批评指正!

编　者

2018 年 9 月

目　录

项目 1　认识网络营销 ……………………………………… 1

　任务 1　认识网络营销行业与职业 ……………………… 2

　　活动 1　熟知网络营销基本知识 ……………………… 2

　　活动 2　整合网络营销与传统营销 ………………… 7

　任务 2　探索网络营销岗位要求与人才需求 …………… 11

　　活动 1　认识网络营销岗位要求 …………………… 12

　　活动 2　了解网络营销人才需求 …………………… 19

项目 2　开展网络市场调研 ………………………………… 26

　任务 1　准备网络市场调研 ……………………………… 27

　　活动 1　了解网络市场调研 ………………………… 27

　　活动 2　设计在线调查问卷 ………………………… 33

　任务 2　实施网络市场调研 ……………………………… 37

　　活动 1　掌握网络市场调研的方法步骤 …………… 37

　　活动 2　撰写调研报告 ……………………………… 45

项目 3　网络消费行为分析 ………………………………… 52

　任务　分析网络消费行为 ………………………………… 53

　　活动 1　了解网络消费者的购买动机 ……………… 53

　　活动 2　分析网络消费者的购买行为 ……………… 56

　　　活动 3　掌握网络消费者的购买决策 ······················ 61

项目 4　选择网络目标市场 ······························· 67
　　任务 1　认识网络目标市场 ··························· 68
　　　活动 1　细分网络市场 ······························· 68
　　　活动 2　认识网络目标市场 ······················· 72
　　任务 2　选择网络目标市场 ··························· 75
　　　活动 1　选择网络营销平台 ······················· 76
　　　活动 2　选择网络营销策略 ······················· 79

项目 5　网络营销硬性推广 ····························· 87
　　任务 1　网络广告推广 ······························· 88
　　　活动 1　打造"吸粉"的网络广告 ················ 88
　　　活动 2　定向广告 ··································· 97
　　任务 2　策划邮件营销 ····························· 103
　　　活动 1　E-mail 营销 ······························ 103
　　　活动 2　策划邮件营销 ··························· 110
　　任务 3　搜索引擎推广 ····························· 115
　　　活动 1　运用 SEO 营销 ························· 115
　　　活动 2　竞价排名 ································· 122

项目 6　网络营销软性推广 ··························· 132
　　任务 1　网络文案推广 ····························· 133
　　　活动 1　撰写商品推广软文 ····················· 133
　　　活动 2　制订与实施推广方案 ·················· 141
　　任务 2　社会化媒体营销 ··························· 145
　　　活动 1　认识社会化媒体营销的渠道 ·········· 145
　　　活动 2　引爆社会化媒体营销 ·················· 151
　　任务 3　玩转微营销 ······························· 157
　　　活动 1　玩转微营销 ······························· 158
　　　活动 2　策划微信营销 ··························· 163

项目 7　网络营销效果评估 ··························· 174
　　任务 1　监控与评测网络营销效果 ·············· 175
　　　活动 1　认识网络营销效果评测 ·············· 175

　　　活动 2　认识网络销售数字监控 ……………………………… 182

　任务 2　流量转化 …………………………………………………… 187

　　　活动 1　认识流量统计分析指标 ………………………………… 187

　　　活动 2　从流量统计中发掘机会 ………………………………… 192

参考文献

www.🛒.com

项目 1 认识网络营销

项目综述

电子商务的普及与渗透,改变了人们的交易方式和企业的商务理念,企业正朝着以传统营销为主向,以消费者为基础,以市场为导向的网络营销延伸和发展。网络营销以互联网为载体,是一种顺应数字经济时代、运用现代信息技术与手段的营销理念和模式。对营销者来说,全面、正确地掌握网络营销策略,方能在网络时代中开创新的营销渠道,在满足消费者需要的同时实现自身的发展。

项目目标

通过本项目的学习,应达到的具体目标如下:

知识目标

➢ 了解网络营销的发展历程

➢ 了解网络营销产生的原因

➢ 掌握网络营销的概念、特点

➢ 了解网络营销的优势和发展趋势

➢ 掌握网络营销实现的步骤

➢ 了解网络营销各个岗位的职责和要求

➢ 了解网络营销人才需求基本情况

技能目标

➢ 能对网络营销的发展历程作分析

➢ 学会通过搜索对网络营销的概念、特点作深入分析

➢ 对营销案例作简单的分析

情感目标

➢ 培养严谨、认真负责的工作态度和职业素养

➢ 具有网络搜索和分析概念知识的能力

➢ 培养团结协作的团队意识能力

➢ 培养自主学习的能力

项目任务

任务1　认识网络营销行业与职业

任务2　探索网络营销岗位需求与人才需求

任务 1　认识网络营销行业与职业

情境设计

在刚刚过去的 2018 年 11 月 11 日,电子商务销售纪录再次被刷新,阿里巴巴和京东双十一交易额达到了 3733 亿。每一年的双十一,都吸引着众多的电子商务企业,为此,在准备这个活动前,大家都使出了"洪荒之力"去为自己的店铺做广告,用各种噱头去吸引消费者进行消费。为了达到目的,到底要用什么样的噱头去做呢? 曾东是一名电子商务专业的学生,这学期他将学习网络营销这门课程。他一直在关注每年的双十一,每年都在留意不同的商家做的促销广告活动,但到底是怎么做的? 需要掌握什么技能? 以及将来如果自己去做这些工作该怎么做? 曾东一头雾水,带着一堆问题踏上了学习之路。

任务分解

曾东拟通过本任务去了解网络营销的基本知识,为此他制订了一个学习计划,从最基础的知识开始学起。

活动 1　熟知网络营销基本知识

活动背景

双十一的火爆让企业深深懂得,要想取得良好的销售业绩,离不开前期铺天盖地的促销活动,阿里巴巴为了策划好这次的双十一,提前一个月就开始了各种营销活动。这些营销活动到底是怎么开展的? 用到了哪些技能? 这些问题都需要学生一个个去解决。

知识窗

　　中国互联网络信息中心(CNNIC)在京发布的第 50 次《中国互联网络发展状况统计报告》显示,截至 2022 年 6 月,中国网民数量达 10.51 亿,互联网普及率达到 74%(见图 1.1)。

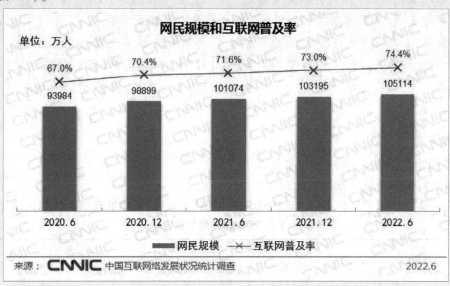

图 1.1　中国网民数量和互联网普及率

　　电子商务应用的快速发展、网上支付厂商不断拓展和丰富线下消费支付场景,以及实施各类打通社交关系链的营销策略,带动非网络支付用户的转化;中国互联网理财用户规模不断扩大,理财产品的日益增多、产品用户体验的持续提升,带动大众线上理财的习惯逐步养成。平台化、场景化、智能化成为互联网理财发展新方向(见表 1.1)。

表 1.1　各应用用户使用情况

应　　用	2015.12		2016.6		
	用户规模/万	网民使用率/%	用户规模/万	网民使用率/%	半年增长率/%
即时通信	62 408	90.7	64 177	90.4	2.8
搜索引擎	56 623	82.3	59 258	83.5	4.7
网络新闻	56 440	82.0	57 927	81.6	2.6
网络视频	50 391	73.2	51 391	72.4	2.0
网络音乐	50 137	72.8	50 214	70.8	0.2
网上支付	41 618	60.5	45 476	64.1	9.3
网络购物	41 325	60.0	44 772	63.1	8.3
网络游戏	39 148	56.9	39 108	55.1	-0.1
网上银行	33 639	48.9	34 057	48.0	1.2
网络文学	29 674	43.1	30 759	43.3	3.7
旅行预订	25 955	37.7	26 361	37.1	1.6
电子邮件	25 847	37.6	26 143	36.8	1.1

为什么要学习网络营销?

马云说:"今天你错过了互联网,你错过的不是一个机会,而是一个时代。"随着中国互联网的快速发展,以及金融危机对传统媒体的冲击,网络营销已经成为企业越来越依赖的营销方式。经常听到有人讨论"为什么要学习网络营销?该不该学习网络营销?"答案是,如果想要在当今社会更好地生存下去就必须学。

第一,互联网是大势所趋,谁也阻挡不了,现在越来越多的人选择网上购物、网站交友、网上娱乐,特别以"80后""90后""00后"为代表;第二,商家也开始将战场移到互联网上,这也是电子商务如此火爆的原因,不止商家,政府早就开始重视互联网了。

活动实施

熟悉网络营销行业,要求学生掌握以下内容:

1.网络营销的产生和发展的历程

【搜一搜】搜索 1971 年、1994 年、1995 年在网络营销领域诞生的新事物并填入表 1.2 中。

表 1.2   网络营销的发展历程

年 份	诞生代表	备 注
1971		
1994		
1995		

说明:在 1971 年诞生了全球第一封电子邮件,在 1994 年诞生了第一个网络广告和 Yahoo 搜索引擎。在 1995 年全球第一个网上商店亚马逊诞生,如图 1.2 所示。

图 1.2   著名的搜索、购物网站

2.网络营销的概念

随着网络营销的发展,越来越多的企业希望借助这一新兴的营销模式来突破营销瓶颈,但很多企业对什么是网络营销还没有一个正确的认识,导致在网络营销实施中出现了各种问题。

【看一看】企业对网络营销的认识见表 1.3。

表 1.3　对网络营销的认识

错误的认识	正确的认识
网络营销是孤立存在的	营销基本理论与传统一样
网络营销=网上营销	网络营销是为了最终实现产品销售、提升品牌形象而进行的活动。网上销售是网络营销发展到一定阶段产生的结果,但并不是唯一的结果
网络营销=电子商务	电子商务是电子化交易,强调交易方式和交易过程
网络营销被称为"虚拟营销"（Virtual Marketing）	网络营销是对网上经营环境的营造

简而言之,网络营销就是以互联网为载体,以网络用户为中心,以市场需求和认知为导向,利用各种网络手段去实现企业营销目的的一系列行为。

网络营销的特点如图 1.3 所示。

【问一问】网络营销能给我们带来什么好处？

网络营销与传统营销方式相比,作为一种全新的营销方式具有明显的优势,具体表现在以下几方面（见图 1.4）。

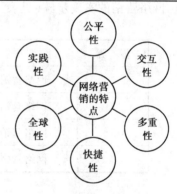

图 1.3　网络营销的特点

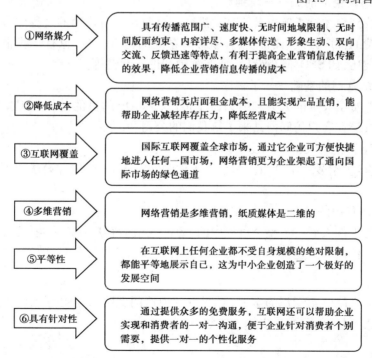

①网络媒介　具有传播范围广、速度快、无时间地域限制、无时间版面约束、内容详尽、多媒体传送、形象生动、双向交流、反馈迅速等特点,有利于提高企业营销信息传播的效果,降低企业营销信息传播的成本

②降低成本　网络营销无店面租金成本,且能实现产品直销,能帮助企业减轻库存压力,降低经营成本

③互联网覆盖　国际互联网覆盖全球市场,通过它企业可方便快捷地进入任何一国市场,网络营销更为企业架起了通向国际市场的绿色通道

④多维营销　网络营销是多维营销,纸质媒体是二维的

⑤平等性　在互联网上任何企业都不受自身规模的绝对限制,都能平等地展示自己,这为中小企业创造了一个极好的发展空间

⑥具有针对性　通过提供众多的免费服务,互联网还可以帮助企业实现和消费者的一对一沟通,便于企业针对消费者个别需要,提供一对一的个性化服务

图 1.4　网络营销的优势

【知识扩展】网络营销发展的趋势。

根据互联网发展的特点以及市场营销环境的变化,可以预测网络营销会有下面的发展趋势,如图 1.5 所示。

| 网络营销发展的趋势 | ● 网络技术将更有利于商品的销售
● 销售决策趋于理性化
● 网上的电子商场将兴旺发达
● 网络广告将大有作为 |

图 1.5　网络营销发展的趋势

3.网络营销的实现步骤

【做一做】网络营销到底需要怎样去实现?

网络营销的实现步骤(见表 1.4):

表 1.4　网络营销的实现步骤

步　骤	内　容	操　作	备　注
1	网络营销的前提	找到你	
2	网络营销的基础	了解你	
3	网络营销的关键	爱上你	
4	网络营销的目的	娶回家	

步骤 1:网络营销的前提——找到你。

先让客户找到你才有了解以及成交的机会。目前在网络营销的过程中最常见的一种方式就是采用付费的推广方式:如百度、谷歌等一系列的付费平台,也有一些企业采用各种各样的免费推广技巧,如 SEO、邮件营销、博客营销和论坛营销等。

步骤 2:网络营销的基础——了解你。

前面我们花费了大量的人力和财力做了推广,最主要的目的是什么呢? 无非想让更多的目标客户以及潜在客户访问网站来了解我们的公司和产品。

步骤 3:网络营销的关键——爱上你。

有信赖才有爱,给爱一个理由。客户进入你的网站之后,要想方设法留下客户并使其选择你的产品。

步骤 4:网络营销的目的——娶回家。

前面所做的工作大概占了整个过程中的 95%,在最后客户要购买我们产品的时候,在某个环节上出现了任何一点差错都会降低客户体验度和信赖度,最终导致客户的流失。

活动评价

曾东通过对网络营销知识的学习,对网络营销这门课程有了更深入的了解。为了开展更多的网络营销项目,他开始了更深入的学习。

活动2 整合网络营销与传统营销

活动背景

随着互联网创业潮的出现,各行各业都进入互联网发展模式,而曾东所在学校附近有个人流量很大的商场,这个商场的餐饮店生意火爆,做得风生水起。据曾东了解,其中一些餐饮店结合网络营销来吸引客流量。但是如何将网络营销与传统营销有机结合?曾东想一探究竟,并在网上搜索、借鉴其他企业的整合经验。

知识窗

关店、调整,一直是这几年百货行业的关键词。自2010年以来,百货业经历了连续6年的关店潮,至2017年有所放缓,但仍在持续。据《联商网》对国内重点城市做的不完全统计,2017年停业或转型的百货店至少有46家。其中,经济发达区域和城市在商业去中心化背景下成了百货店关停的重灾区,据《华商网》对知名百货店的统计,2017年全年,华东关停15家,西南11家,华北7家,东北2家,华中3家,西北2家。从城市分布来看,成都有8家店停业,北京7家、上海5家、重庆3家紧随其后。此外,关店的百货不仅包括万达百货、王府井百货等全国性百货品牌,如百盛、华堂商场(伊藤)、玛莎百货等外资品牌也难逃关店命运,具体如图1.6所示。

(本文来源:联商网)

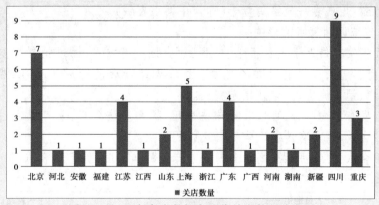

图1.6 2017年各省份知名百货关店数量分布图

1.网络营销对传统营销策略的强烈影响与冲击

(1)对传统产品策略的冲击

网络营销对传统产品策略的冲击如图1.7所示,首先是对传统的标准化产品的冲击。借助于网络,企业可以提供个性化的产品,进行定制生产,并且可以有效地缩小产品开发周期,提供更新换代产品,如世界著名计算机公司戴尔,它的客户就是在戴尔网站直接配置自己需要的产品,然后由戴尔公司送货上门,这种个性化服务深受客户喜爱。

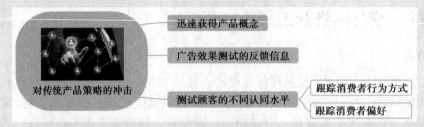

图 1.7　对传统产品策略的冲击

（2）对定价策略的影响

对定价策略的影响，如图 1.8 所示。

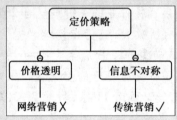

图 1.8　对定价策略的影响

（3）对传统营销渠道的冲击

传统营销：生产者—n 级中间商—消费者。

网络营销：生产者—最终消费者（即应用网上直销）。

（4）对传统促销策略的影响

传统促销策略借助于人员推销、广告、营业推广等方式，促进销售需要投入大量的财力、物力、人力，效果有时并不理想。而在网络开展促销活动，可以借助网络广告、站点推广、销售促进、关系营销来完成。

①借助发布定向广告，可以节约广告费用，提高广告效果，并可以通过网上调查及时评价广告效果，具有传统广告不可比拟的优点。

②利用站点推广，可以提高企业及企业产品的知名度，稳定顾客访问，促进销售，如图 1.9 所示。

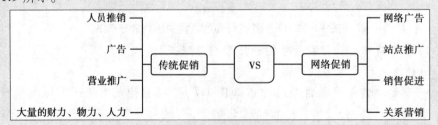

图 1.9　传统促销与网络促销的对比

2.网络营销和传统营销的整合

传统营销和网络营销之间存在差异，网络营销对传统营销形成了多方面的冲击，但这并不代表网络营销可以完全代替传统营销。由于互联网只是人们生活中的一部分，而部分消费者并没有上网，上网的也没有完全进行网络购物，参与网络购物的在进行购买决策时也不会完全忽视传统媒体的信息。因此,网络营销只是企业进行市场营销的一种手段,网络营销只有和传统营销结合起来,才能更好地发挥作用。

(1)传统营销是网络营销的基础

传统营销和网络营销都是经济发展的产物,如图 1.10 所示。

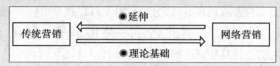

图 1.10　传统营销和网络营销的关系

随着网络经济的出现,传统营销模式不能完全适应现代经济的发展,但并不是说传统的营销策略完全不能用。尽管在营销活动中,网络营销相对传统营销在程序和手段上发生了很大的变化,但市场营销的实质并没有变化,网络营销和传统营销都是企业的一种活动,需要相互组合发挥功效,把消费者的现实需求和潜在需求作为一切活动的出发点。

(2)传统营销具有不可替代性

网络营销的快速发展已经成为企业和消费者不可忽视的力量,但传统营销在渠道建设、购物习惯、购买安全性等方面具有网络营销无法比拟的优势,网络营销不能完全代替传统营销,见表 1.5。

表 1.5　传统营销的不可替代性

因　素	传统营销	网络营销
中、青年市场	✓	
老年人市场	✓	
落后地区市场	✓	
购物享受的需求	✓	
直接的体验	✓	
安全隐患		✓

(3)网络营销和传统营销相互促进

网络营销的出现使传统营销的理论和实务发生了根本性的转变,但网络营销并非独立存在,而是企业整体营销策略中的一个组成部分,网络营销与传统营销相结合形成一个相辅相成、互相促进的营销体系。只有结合网络营销的优势和传统营销的特点、实现两种营销模式的整合,才能使企业的整体营销策略获得最大的成功。

活动实施

【想一想】2017 年实体店关闭潮,其背后真正的原因是什么？可以上网搜索相关资料作参考。

【做一做】阅读案例,了解网络营销与传统营销是如何有机结合,相互促进的。

淘鲜达是阿里巴巴新零售战略的一部分,采用 O2O"线上电商+线下门店"的经营模式,联合实体零售商做到线上线下会员一体化、支付一体化、库存一体化、营销一体化、物流一体化、供应链一体化,被称为盒马鲜生的"姊妹篇",如图 1.11 所示。

图 1.11　淘鲜达

2018 年 6 月 11 日,大润发宣布,全国已有 100 家大润发门店完成天猫新零售升级改造,改造完毕后,家住大润发周边 3 千米内的用户可以通过手机淘宝淘鲜达在家下单,送货到家,价格与大润发门店的商品价格完全一致。据悉,升级后的大润发门店,高峰期间的线上订单可以达到一天 5 000 单,平时的单量也在 2 000 单左右。大润发称,未来其他门店也将陆续完成升级,目标是探索建设适合大卖场的新零售模式,开启线上线下全面融合的新时代。据报道,截至 2018 年 11 月 1 日,主打生鲜百货 1 小时送达的淘鲜达已开通 158 个城市,上线 603 家门店。这些门店包括已改造的盒马、大润发、盒小马、欧尚、新华都超市、人本超市、三江购物、顺客隆超市、中百超市、庆客隆、旺中旺等传统线下商超。

通过线上和线下的有效互动来拉动整体的销售,加速线上与线下的融合,成为零售业未来发展的趋势。淘鲜达依托已有的大型超市,利用阿里巴巴数字化平台,将线上线下打通,成为阿里盒马鲜生以联营方式下沉三四线市场的有效的经营模式。

讨论：

阿里巴巴与传统超市的联营方式有什么优势？

活动评价

曾东在对网络营销这门课程有了更深入了解的基础上，探索网络营销与传统营销的关系与整合之道，接下来对公司的转型有了一个基础的改造框架，有了充满信心的开始。

合作实训

实训任务：通过百度、谷歌、雅虎等搜索引擎，用"网络营销"关键词查询，了解网络营销的含义，阐述自己对网络营销的看法，通过活动、案例进行展示。学生通过小组（每组 5~6 人，推选一名组长，由组长根据小组情况进行任务分工）合作，最后各成员对网络营销的看法进行讨论，由组长进行汇报总结。

实训目的：通过实训帮助学生初步掌握网络营销的概念、特点、分类等知识，根据自己对网络营销的理解，找到一些具体的行为、活动、案例等，以及培养学生团队合作精神。

实训过程：

步骤 1：各小组成员上网用"网络营销"关键词进行查询，了解网络营销的含义以及相关知识。

步骤 2：明确自己对网络营销的理解，即你认为什么才是网络营销。

步骤 3：列举 3 种你认为属于网络营销的具体成果，可以是截图，也可以是 URL 链接，甚至可以是视频录像。相关资源素材用文字形式叙述清楚。

步骤 4：小组长收集小组成员看法。

步骤 5：小组长进行汇报。

任务 2 探索网络营销岗位要求与人才需求

情境设计

启辰商务公司是一家在网络上经营商品的企业，随着公司业务的不断壮大，需要越来越多的网络营销人才去推广企业的产品，以达到销量目标，在市场占有更高的份额。为此，公司针对自身的稀缺岗位，开始在各个学校不断地物色人才，一些岗位更是开出 30 万元年薪的优惠条件去招聘，以解决公司网络营销人才稀缺的问题。

任务分解

启辰商务公司人事部的李经理通过细分，针对不同的岗位，提供比同行高出 20% 的待遇去吸引人才。首先来到某职业技术学校电子商务专业，开始了招聘宣讲会，针对各个岗位所要达到的能力和要求，都一一进行了解释。

活动1　认识网络营销岗位要求

活动背景

启辰商务公司人事部李经理经过一番努力,终于招收了一批刚刚从学校毕业的即将从事网络营销工作的学生,当学生招进来后,李经理又开始头疼了。针对这些学生每个人的特点,以及公司岗位的需求,需要进行深入分析之后才能把他们分配到各个岗位上。为此,李经理吩咐人事部的各个成员,将公司各个网络营销的岗位名称和岗位职责做了一个详细的统计,并且将它们一一列举出来。

知识窗

未来网络将影响传统行业的方方面面,任何企业都不能幸免。未来网络将没有局外人,只有被淘汰者。可见重视网络、重视网络营销是每家企业未来的必修课。那么这些网络营销岗位到底在哪里呢?具体见表1.6。

表1.6　企业对网络营销岗位的要求

企业需求	操作内容
企业网站维护	优化、更新、在线咨询
企业发展	处理网上网下冲突
企业推广	网络广告、渠道推广
企业曝光度	策划在线活动
企业正面形象	口碑营销、删除负面影响
企业信息技术	提供信息咨询

可见,每一家企业对网络营销岗位都有着现实性需求,为什么这里说设置网络营销岗位而不是设技术主管、网管之类的岗位呢?兵马未动,粮草先行。企业经营,营销为先。营销才是企业持续发展的推进器,当我们面对数以亿计的网民时,这里的营销则应该是网络营销。

网络营销部门中包含运营经理、运营专员、网络编辑、SEO专员、网站推广、网络营销文案策划、网络客服、网站美工等基础性岗位。每个企业根据自身的不同需要和公司内部管理机制可相应地增减。下面就网络营销各岗位职责及岗位要求进行总结,见表1.7至表1.14。

1.网络营销经理/运营经理

表 1.7　网络营销经理/运营经理岗位

岗位名称	网络营销经理/运营经理
岗位描述	负责本部门整体运营工作,网站策划、营销策划、网站内容、推广策划等业务指导及部门员工的工作指导、监督、管理、考核
岗位职责	①负责网络营销项目总策划,战略方向规划、商业全流程的规划和监督控制,对部门绩效目标达成负总责
	②负责网站平台的策划指导和监督执行
	③负责网站产品文案、品牌文案、资讯内容、专题内容等的撰写指导和监督执行
	④负责网站推广策略总制订,以及执行指导和监督管理
	⑤负责网站数据分析,提升运营效率
	⑥负责本部门的筹划建立,员工招聘、考核、管理,部门规划、总结
岗位要求	①5 年以上电子商务/网络营销工作经验,3 年以上项目策划、运营经验
	②具备项目管理、营销策划、品牌策划、网络营销等系统的理论知识和丰富的实践经验
	③优秀的电子商务/网络营销项目策划运营能力,熟悉网络文化和特性,对各种网络营销推广手段都有实操经验
	④卓越的策略思维和创意发散能力,具备扎实的策划功底
	⑤优秀的文案能力,能撰写各种不同的方案、文案
	⑥对网络营销商业全流程都具备策划、运营、控制、执行能力
	⑦丰富的管理经验、优秀的团队管理能力

2.网络营销专员

表 1.8　网络营销专员岗位

岗位名称	网络营销专员
岗位描述	负责网络运营部产品文案、品牌文案、深度专题的策划、创意文案、推广文案的撰写执行工作,对网站销售力和传播力负责
岗位职责	①负责网站数据分析,提升运营效率
	②负责搜索竞价平台的管理
	③协助部门经理建设网络营销的商业流程体系
	④负责公司网站的规划落地执行
	⑤协助部门经理筹划建立部门管理体系,协助员工招聘、考核、管理,协助部门规划、总结

续表

岗位名称	网络营销运营专员
岗位要求	①3年以上电子商务/网络营销工作经验
	②具备项目管理、营销策划、品牌策划、网络营销等理论知识和一定的实践经验
	③优秀的网络营销数据分析能力和丰富的分析经验
	④具备一定的文案能力和网站策划能力,对客户体验有深刻认识和独特领悟
	⑤对网络营销商业全流程都具备一定认知和执行能力

3.SEO专员

表1.9　SEO专员岗位

岗位名称	SEO专员
岗位描述	负责网站关键词在各大搜索引擎中的排名,提升网站流量,增加网站用户数
岗位职责	①运营搜索引擎到网站的自然流量,提升网站在各大搜索引擎的排名,对搜索流量负责
	②从事网络营销研究、分析与服务工作,评估关键词
	③对网站和第三方网站进行流量、数据或服务交换,或形成战略合作联盟,增加网站的流量和知名度
	④制订网站总体及阶段性推广计划,完成阶段性推广任务,负责网站注册用户数、PV、PR、访问量等综合指标
	⑤结合网站数据分析,对优化策略进行调整
	⑥了解网站业务,锁定关键字;站点内容强化,内部链接;外部链接建立;结合网站数据分析;扩展长尾词
岗位要求	①两年以上SEO相关工作经验,有过大中型网站优化经验者优先
	②掌握百度、Google、Yahoo等搜索引擎的基本排名规律;精通以上各类搜索引擎的优化,包括站内优化、站外优化及内外部链接优化等;精通各种SEO推广手段,并在搜索引擎上的关键词排名给予显示
	③具有较强的网站关键字监控、竞争对手监控能力,有较强的数据分析能力,能定期对相关数据进行有效分析
	④具备和第三方网站进行流量、数据、反向链接或服务交换的公关能力

4.网络推广/网站推广专员

表 1.10　网络推广/网站推广专员岗位

岗位名称	网络推广/网站推广专员
岗位描述	负责网络运营部、创意文案、推广文案的撰写及发布,媒介公关和广告投放等工作,对网站有效流量负责
岗位职责	①负责传播文案、创意文案、软文、新闻等撰写和发布执行控制
	②负责论坛事件营销的创意和执行
	③负责媒介公关和广告投放执行和监测
	④负责邮件、博客等各种网络推广形式的规划和执行
	⑤对网站的有效、精准流量负责
岗位要求	①3 年以上电子商务/网络营销工作经验;优秀的文案能力,能撰写各种不同的方案、文案;对网络文化、网络特性、网民心理具有深刻洞察和敏锐感知
	②具备品牌策划、传播策划、网络营销等系统的理论知识和丰富的实践经验
	③了解各种网络营销方法、手段和流程,并有一定实操经验
	④卓越的策略思维和创意发散能力,具备扎实的策划功底
	⑤优秀的文案能力,能撰写各种不同的方案和文案
	⑥对网络文化、网络特性、网民心理具有深刻洞察和敏锐感知

5.网站编辑

表 1.11　网站编辑岗位

岗位名称	网站编辑
岗位描述	负责网络运营部资讯、专题等网站内容和推广文案的撰写执行,对网站销售力和传播力负责
岗位职责	①负责定期对网站资讯内容及产品编辑、更新和维护
	②负责网站专题、栏目、频道的策划及实施,能对线上产品进行有效的整合,配合策划执行带动销售的活动方案,从而达到销售目的,适时对网站频道提出可行性规划,设计需求报告
	③编写网站的宣传资料,收集、研究和处理网络读者的意见和反馈信息
	④频道管理与栏目的发展规划,促进网站知名度的提高
	⑤集团及各分公司新闻活动的外联工作和各活动的及时报道与回顾,重要活动及人物的采访
	⑥对各网站的相关内容进行质量把控,以提升网站内容质量

续表

岗位名称	网站编辑
岗位要求	①2年以上新闻记者、编辑工作经验
	②熟悉互联网,了解网络营销,有较强的频道维护和专题制作的经验和能力,对客户体验有深刻了解
	③具备扎实的营销知识和丰富的实践经验,能有效提升网站的销售力和传播力
	④具有扎实的文字功底及编辑能力
	⑤拥有良好的沟通能力与表达能力,具有快速准确的反应能力及较强的分析解决问题的能力
	⑥出色的工作责任心、良好的团队合作精神,能够承受一定的工作压力
	⑦熟悉网站的建立与维护,了解并能使用 DreamWeaver、Photoshop、Office 等网页编辑工具

6.网络营销文案策划

表 1.12　网络营销文案策划岗位

岗位名称	网络营销文案策划
岗位描述	负责网络运营部产品文案、品牌文案、深度专题的策划和创意文案、推广文案的撰写执行,对网站销售力和传播力负责
岗位职责	①负责公司产品文案、品牌文案、项目文案的创意和撰写
	②负责公司网站的专题策划并和网站编辑共同执行文案撰写
	③负责规划方案和策划方案的撰写
	④负责传播文案的创意和撰写
	⑤对网站的销售力及传播力负责
岗位要求	①3年以上品牌、广告、软文撰写的工作经验,有一定的策划方案经验
	②具备营销、品牌、广告等系统的理论知识和丰富的实践经验
	③卓越的策略思维和创意发散能力,具备深刻的洞察力
	④优秀的文案能力,能撰写各种不同的方案和文案
	⑤了解熟悉网络特性和网络文化,对网络营销具备一定的经验,熟悉各种网络营销的手段和方法

7.网络客服专员

表 1.13　网络客服专员岗位

岗位名称	网络客服专员
岗位描述	负责建立、维护、完善和管理公司客户信息和档案,了解客户需求,维护客户服务管理体系,提升客户和顾客的满意度
岗位职责	①通过在线聊天工具为客户提供快速与准确的解答,引导客户进行消费,增加客户满意度
	②审核新提交注册的商家,电话回访商家,引导其上传产品信息或加入公司会员;审核新注册个人会员,引导发展下级会员
	③指导公司会员上传产品信息,引导他们熟悉公司服务和产品,进行售后服务,维护顾客关系,协助拓展及维护网络营销渠道
	④邀请公司会员参加公司举办的营销会议
	⑤整理客户文档,处理和记录客户资料
	⑥具有较强的团队精神及服务意识
	⑦参加公司的营销会议及相关培训
岗位要求	①具有良好的文字及语言表达能力、出色的人际沟通能力,有耐心,细心、头脑灵活、思维敏捷,具备良好的客户服务意识,有较强的应变能力和协调能力,责任心强
	②熟悉互联网,熟练操作 Office 等办公软件,掌握电子商务和网络营销推广相关知识,熟悉网络第三方运作流程:如淘宝网、诚信通、拍拍等,有阿里巴巴国内贸易专员和淘宝网零售专员证书者优先
	③身体健康,有工作激情和事业心,能独立完成工作任务,有自己独特的见解,思维敏捷,挑战自我,可以长期稳定地工作
	④具有亲和力的沟通能力,应变能力,网上销售、推广企业产品的能力
	⑤语言表达能力强,普通话流利
	⑥能够正常使用办公室软件,如 Word、Excel 等
	⑦能够正常使用网络,打字速度在 50 字/分以上

8. 网站美工/网站设计师

表 1.14　网站美工/网站设计师岗位

岗位名称	网站美工/网页设计师
岗位描述	负责公司网站美工设计及运营过程中需要美工支持的各方面工作
岗位职责	①负责公司网站平台设计和前台制作及改版等工作
	②负责网站图片、焦点图、Flash、版面编排等设计工作
	③负责网站焦点专题的设计
	④负责电子书、邮件等在运营过程中的美工设计
	⑤负责公司其他需要美工表现的工作
	⑥对网站客户的视觉体验负责
岗位要求	①两年以上营销型网站设计制作工作经验
	②优秀的审美能力,独特的创意,良好的美术功底,较强的网页创意设计和视觉表现能力
	③熟练使用 Photoshop、Flash、Dreamweaver 等设计软件
	④了解 HTML、Javascript、CSS 等网页设计语言规范
	⑤精通网页版面设计与网页制作、平面设计,独立完成整个网站项目的设计

　　网络营销部门各相关岗位配备及岗位要求基本上如上所述,最终人员岗位的配备和岗位的职能要求需根据企业实际情况而定。这在日常工作过程中需灵活把控,也有很多公司基于某种考虑会将几个岗位聚集于一人,不管怎样,团队效率最大化才是最终目的。

活动实施

【做一做】上网搜索企业对网络营销岗位的职责要求,了解自己的职业兴趣。

(1)请在招聘网站上搜索运营经理、运营专员、网络编辑、SEO 专员、网站推广、网络营销文案策划、网络客服、网站美工等任一岗位的招聘信息。与表 1.7 至表 1.14 同岗位做对比,分析不同企业对同岗位有什么不同的职责要求。

_____(岗位名称)

企业:

_____

_____(岗位描述)

_____(岗位职责)

_____(岗位要求)

分析(原因):

_____

（2）通过知识窗的学习，我们了解了网络营销部门中包含如运营经理、运营专员、网络编辑、SEO 专员、网站推广、网络营销文案策划、网络客服、网站美工等基础性岗位。

你青睐网络营销哪一个岗位？为什么？请说出 3 个理由。

① _____

② _____

③ _____

活动 2 了解网络营销人才需求

活动背景

一年一度的双十一变成了全球的消费节，2018 年的双十一阿里巴巴销售额达到了 2 135 亿元，这一巨大的销售数字，就有前期网络营销人员的辛勤劳动，随着网民消费的不断扩大，这一数字将会不断增长。在增长的同时，对网络营销人才的需求也会不断扩大，为了更好地发展，天猫众多旗舰店不断提高待遇以及其他福利，以吸引更多的网络营销人才加盟。

知识窗

网络营销人才是互联网时代所产生的新的职业发展方向，是具备网络营销专业领域市场分析能力、信息处理能力、文字表达能力、客户体验能力、网页设计能力、网站推广能力、搜索引擎营销能力、网络贸易能力、组织协调能力、评估调整能力，同时又掌握市场营销、客户管理基本技能的，可以为企业网络营销实践活动提供专业商业服务的职业化经营管理人员。

网络营销人才无论在职业发展空间、薪资福利待遇、受尊重程度等方面的劳动力满意度测评指标均远远高于其他岗位，这些能够依靠互联网为企业赚钱的人，受到越来越多雇主的青睐与追捧，经过规划培训的网络营销职业人才（如网络营销工程师）已经成为新经济时代的抢手货。

根据相关机构调查，近年来企业需求量较大的网络营销岗位分别是产品销售、市场推广、渠道管理和广告策划。除此以外，客户服务、活动策划、行政人员和公关活动也具有一定的需求，具体的相关岗位在问卷中的所选比例见表 1.15。

表 1.15 企业对网络营销岗位的需求

岗　　位	百分比/%
在线销售推广人员	26
跨境电商外贸接单员	10
在线店铺操手	20
网络营销后台协理员	11
电商平台管理员助理	9
在线客户服务	8
售后服务跟踪管理	2

续表

岗　位	百分比/%
网上营销活动策划	2
百度推广	9
其他	3

在对网络营销人才的需求中,不同的行业呈现出不同的特点。轻工制造业和民用消费品行业对网络营销的推广人员、跨境销售推广员、产品美工与在线零售的人才需求较多,其他岗位则需求量平均;跨境销售行业人才需求调查中居第一位的是在线客户服务,其次是后台管理即网络营销平台的助理人员等方面的人才;软件信息行业则需要活动策划、在线推广、客服等方面的人才;商贸服务与其他企业各岗位对网络营销人才都普遍需要。

活动实施

【做一做】两人一组,列好问题大纲,采访身边从事网络营销的师兄、师姐、长辈、亲戚朋友,了解其所在的企业,对其岗位有什么样的能力、技能要求。提示:可从其岗位职责、工作日常、接过的项目、工作感受与建议等方面入手采访。

采访结果记录见表1.16。

表1.16　企业岗位人才需求表

行　业	
企业名称	
企业办公地点	
企业规模	
所属企业部门	
所在岗位	
岗位职责	
岗位所需技能	
职业感受及建议	

【能力拓展】根据材料阅读回答问题。

　　不同的企业对营销岗位的需求不同,对营销专业的能力要求也不同(见图 1.12)。大部分企业认为良好的沟通技能是营销人员的必备能力,同时推销技巧和营销技能也相当重要,个别行业更强调学生的策划水平和能力。具体分析见表 1.17。

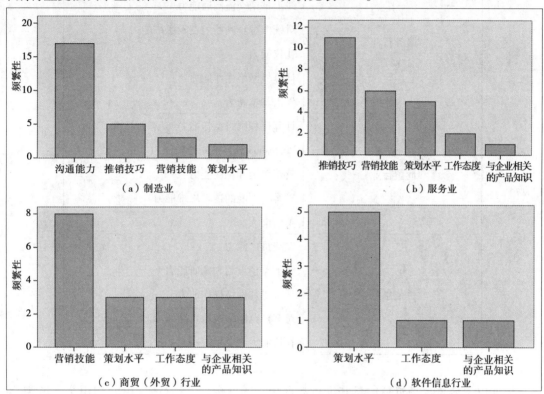

图 1.12　各行业对网络营销技能的要求

表 1.17　不同行业对营销人才能力的要求

行　业	能力要求
轻工制造业和装备制造业	线上销售沟通能力
	营销逻辑思维反应能力
	线下营销管理协调能力
	在线市场开发和策划能力
	熟练的计算机操作能力
	外语能力

续表

行　业	能力要求
服务行业	在线推广技术操作能力 线上推销交流沟通能力 对线上客户判断的逻辑思维能力 礼仪能力 计算机网络操作能力 外语基本能力
商贸行业	计算机和网络操作能力 Photoshop 软件使用操作能力 营销策划和调研能力 对客户判断的逻辑思维能力 英语能力
软件信息行业	在线推广能力 线上营销策划和调研能力 计算机和网络操作能力 对客户判断的逻辑思维能力 礼仪能力

　　根据以上调查反馈资料信息并进行数据统计的分析,在线营销理论的知识掌握能力、对客户判断逻辑思维能力及线上开发的判断和推销技巧的能力、沟通能力、市场管理能力(营销策划)、计算机和网络掌握能力、外文掌握能力(多数要求英文)是网络营销专业人才的必备技能,由此得知这些能力是网络营销各项工作开展的前提条件,是调查范围内企业所特别看重的岗位技能。此外,企业对市场营销学生的工作态度、职业道德以及掌握企业相关产品知识也是至关重要的。

　　随着网络营销行业的发展,网络营销人才将更加紧缺,且待遇将更加丰厚。

　　【答一答】结合以上材料及采访结果,思考你所熟悉的行业,它们会更倾向于哪方面的能力。可上网搜索参考资料及以上材料,并分析原因。

合作实训

　　实训任务:广州启辰电子商务有限公司,在刚刚过去的"双十一"活动中,取得了不俗的销售成绩。为了在"双十二"这个活动中取得更好的成绩,公司上下都在认真准备,但是各个岗位人才的缺乏成为当前公司最大的问题,为此,公司委托人事部制作一份招聘信息,开出各种优越的条件去吸引学生。

实训目的:通过实训帮助学生了解电子商务行业对各个岗位的需求,并且能对岗位的要求进行解析,同时通过策划招聘信息,更深入地了解各个工作岗位。

实训过程:通过百度、谷歌、雅虎等搜索引擎,制作一份网络营销人才的招聘信息。以小组为单位,学生通过小组(每组5~6人,推选一名组长)合作,收集网络营销各个岗位人才的招聘信息,并将这些信息进行筛选,最后由组长汇总成一个PPT,通过PPT对全班同学进行汇报解读。

步骤1:各小组成员上网查询网络营销人才各个岗位的信息。

步骤2:将这些信息汇总筛选,成为公司的招聘信息。

步骤3:对各个岗位的要求进一步进行阐述。

步骤4:小组长收集小组成员看法。

步骤5:小组长进行汇报。

项目总结

网络营销就是以互联网为载体,以网络用户为中心,以市场需求和认知为导向,利用各种网络手段去实现企业营销目的的一系列行为。

网络营销的特点、优势和发展都表明,任何企业在进行推广时都不能不重视网络营销,它已成为企业的一个深刻烙印。

了解网络营销岗位的需求,使我们在学习网络营销知识的过程中更有针对性,不同的人群在学习网络营销知识后,可根据自己的特长去选择合适的岗位。

网络营销行业的不断壮大,促使这个行业的人才需求也在不断增大,这一个行业的蓬勃发展给企业和个人都带来巨大的红利,只有充分掌握好网络营销的知识,才能更好地在这个行业发展,服务好这个行业。

项目检测

1.单项选择题

(1)( )不是网络营销产生的原因。

A.互联网技术的蓬勃发展　　　　　　B.消费者观念转变

C.市场竞争平淡　　　　　　　　　　D.提高了营销效率

(2)( )负责网站关键词在各大搜索引擎中的排名,提升网站流量,增加网站用户数。

A.网络客服　　　　B.网站编辑　　　　C.网店美工　　　　D.SEO专员

(3)( )负责网络运营部、创意文案、推广文案的撰写及发布,媒介公关和广告投放等工作,对网站有效流量负责。

A.网络推广　　　　B.网店美工　　　　C.网络客服　　　　D.网站编辑

(4)下列不属于网络营销发展趋势的是( )。

A.有利于商品的销售　　　　　　　　B.网络广告将大有作为

C.销售决策情绪化　　　　　　　　　D.电子商场将兴旺发达

(5)(　　)不属于即时通信工具。

A.微信　　　　　　B.酷狗　　　　　　C.QQ　　　　　　D.来往

2.多项选择题

(1)下列哪些是网络营销的特点?(　　　)

A.公平性　　　　　B.垄断性　　　　　C.传染性　　　　　D.交互性

(2)以下哪些是网络营销的优势?(　　　)

A.传播范围广　　　　　　　　　　　B.速度快

C.无时间地域限制　　　　　　　　　D.无时间版面约束

(3)以下哪些是网络营销文案岗位的要求?(　　　)

A.创意发散能力　　　　　　　　　　B.熟悉各种网络营销的手段和方法

C.具亲和力的沟通能力,应变能力　　D.能撰写各种不同的方案、文案

(4)网络营销岗位有哪些?(　　　)

A.网络客服　　　　B.网络编辑　　　　C.SEO 专员　　　　D.网站推广

(5)以下哪些是网络客服专员岗位的要求?(　　　)

A.打字速度在 50 字/分以上　　　　　B.有亲和力

C.语言表达能力强　　　　　　　　　D.熟练操作聊天软件

3.实训题(通过网络搜索,查找相关资料完成以下任务)

(1)凡客体、梨花体、元芳体为什么在网络上很火,它们之间的共同点和区别是什么?

(2)当前有哪些行业可以做网络营销?

4.案例分析

2017 年"双十一",优衣库还是和往年一样,在服装类销售品牌里勇夺第一名,1 分钟内销售额突破 1 亿元,破亿速度刷新优衣库纪录。在 11 月 7 日,离"双十一"还有 3 天,优衣库放出重磅消息:线下门店将提前一天"双十一"。优衣库表示,11 月 10 日门店将提前开启购物狂欢活动,指定人气商品优惠 5 折起;11 月 11—15 日百款精选商品,门店、网店同款同价优惠 5 折起,并提供线下门店自提、修改裤长等服务(见图 1.13)。

在上述案例中,优衣库为什么要开启线下门店提前过"双十一"? 线上线下同款同价可以带来什么样的影响? 这个案例对我们学习网络营销有什么启发?

图 1.13 优衣库双十一活动

www.🛒.com

项目 2 开展网络市场调研

项目综述

市场调研是企业营销中的重要环节,没有调查就没有发言权,企业没有进行市场调研就掌握不了市场。企业开展网络营销活动,同样需要进行网络市场调研。网络调研就是利用互联网技术收集、整理和分析各种营销信息,这些信息主要包括顾客的需求、市场机会、竞争对手的情况、行业潮流、销售渠道以及合作伙伴等。通过网络市场调研,获得竞争环境信息、客户信息、供求信息,摸清网络目标市场和营销环境,为企业细分网络市场、识别网络顾客需求、确定网上营销目标提供决策依据。

项目目标

通过本项目的学习,应达到的具体目标如下:

知识目标

➢ 掌握网络市场调研的概念

➢ 掌握网络市场调研与传统市场调研的优势

➢ 掌握网络市场调研的内容

➢ 了解网络市场调研的方法和工具

➢ 掌握网络市场调研的一般步骤

技能目标

➢ 能设计简单的在线调查问卷

➢ 能根据调研结果撰写调研报告

情感目标

➤ 具有网络市场调研意识
➤ 具有问卷整体设计优化意识
➤ 培养数据分析能力
➤ 培养良好的逻辑思维能力及写作能力

项目任务

任务 1　准备网络市场调研
任务 2　实施网络市场调研

任务 1　准备网络市场调研

情境设计

李帅大学时期经过一段时间的筹备与网上学习营销知识、平台操作等,准备组织同宿舍同学开一家网店。身处广州,有很多的批发市场,货源不是问题。但是什么样的商品受消费者的欢迎,各种消费者分别接受怎样的价位,占比如何等问题,需要进行实际调查才能知道。因此,李帅选择网络平台开展网络调研。

任务分解

李帅拟通过本任务学习网络市场调研的知识,他制订了一个网络市场调查的培训计划,好提高团队的理论知识水平,为后面网络调研的实施做好准备。

活动 1　了解网络市场调研

活动背景

李帅首先利用网络搜索引擎搜索相关网络调研教学视频,同团队一起进行观看学习,并制订网络调研初步计划。

> **知识窗**
>
> 1.网络市场调研的定义
>
> 网络市场调研是指利用互联网技术进行营销信息的收集、整理、分析和研究的过程。网络市场调研的主要内容见表 2.1。

表2.1　网络市场调研的主要内容

市场需求调查	掌握市场需求量、市场规模、市场占有率以及如何运用有效的经营策略和手段
消费者购买行为调查	包括消费者的家庭、地区、经济等基本情况;消费者的购买动机;消费者喜欢在何时何地购买
营销因素调查	具体包括:产品的调查;价格的调查;分销渠道的调查;广告策略的调查;促销策略的调查

2.网络市场调研与传统营销调研的异同

传统市场调研一方面要投入大量的人力物力,如果调研面较小,则不足以全面掌握市场信息,而调研面较大,则时间周期长,调研费用大;另一方面,在传统的市场调研中,被调查者始终处于被动地位,企业不可能针对不同的消费者提供不同的调查问卷,而针对企业的调查,消费者一般也不予以反应和回复。

3.网络市场调研的优点

网络市场调研虽然有不少问题,比如互联网可信度较低、浏览人群有限、需要经常更新、需要相关技术支持。但其优势也是非常突出的,主要表现在以下几个方面(见图2.1)。

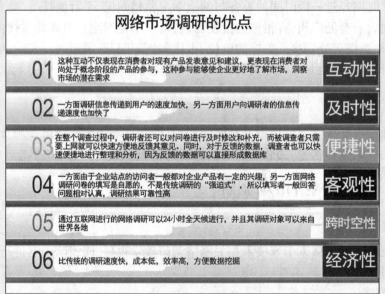

图2.1　网络市场调研的优点

活动实施

【做一做】通过学习了解网络市场调研,以小组为单位(4~6人为一组),调查三只松鼠的网站运营情况。

【想一想】亚当·斯密,他在《国富论》里提出了让市场这只无形的手来调控经济,任何经济现象都是在市场的自主调控下出现的。其实大到全球经济,小到个人零售,市场这只无形的手一直在背后调控,对于李帅来说,可以通过什么样的途径来了解市场(这只无形的手)呢?

步骤 1:通过百度指数,搜索"三只松鼠"关键词(见图 2.2)。

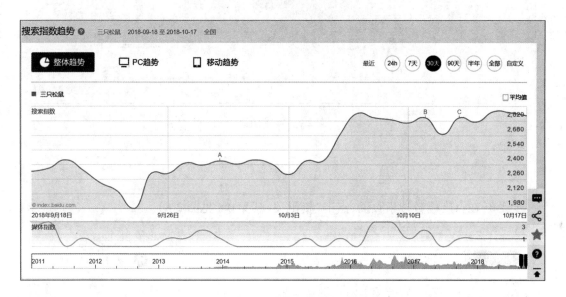

图 2.2　三只松鼠搜索指数

结论:

步骤 2:在百度指数搜索页面,单击"需求图谱"菜单(见图 2.3)。

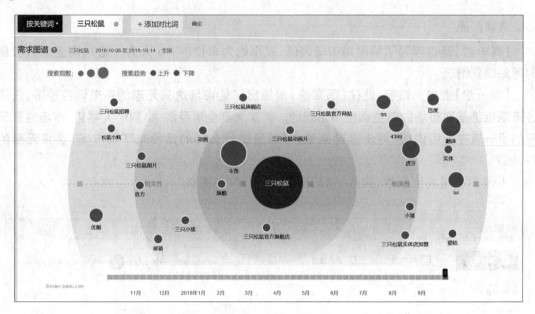

图 2.3　需求图谱

结论：

步骤 3：在百度指数搜索页面，点击"资讯关注"菜单（见图 2.4）。

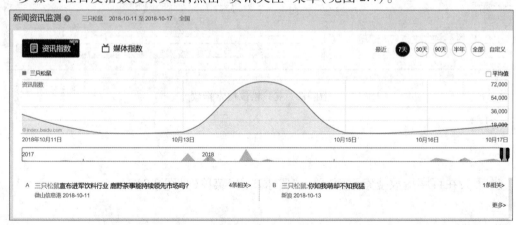

图 2.4　资讯关注

结论：

步骤 4：在百度指数搜索页面，单击"人群画像"菜单（见图 2.5）。

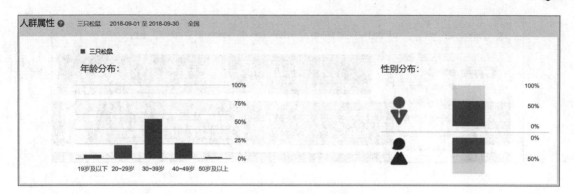

图 2.5　人群画像

结论：

步骤 5：在天猫平台搜索"三只松鼠"关键字（见图 2.6）。

图 2.6　三只松鼠搜索页面

结论：

步骤 6：站长之家—站长工具（见图 2.7）—Alexa 排名（见图 2.8），输入三只松鼠官方网址进行查询（见图 2.9）。

图 2.7　站长工具

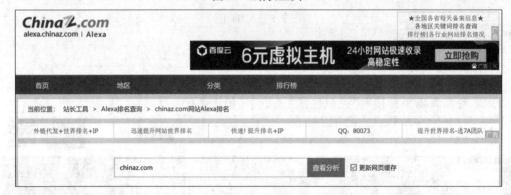

图 2.8　Alexa 排名

图 2.9　三只松鼠官网数据

结论：

活动评价

经过网络自学和搜索网上的调研资源,李帅同团队已经熟知网络市场调研的便捷与强大的功能。也找到了合适的网上调研工具,为后续市场调研的开展做好了充足的准备。

活动 2　设计在线调查问卷

活动背景

李帅在制订网络调研初步计划的基础上,组织团队针对市场需求设计调查问卷。究竟要如何才能设计出合理的调查问卷,从而收集到可信度高、针对性强的调查数据,李帅跟团队进行了一番探索。

知识窗

1.在线调查问卷的基本结构

在线调查问卷是指在网站上设置调查表,访问者在线填写并提交到网站服务器,这是网上调查最基本的形式,也是在线获取信息最常用的调研方法之一。一个功能完善的企业网站通常有各种形式的在线调查,最常见的有用户对新产品的意见调查、顾客满意度调查等。

在线调查问卷与纸质调查问卷的基本结构类似,分为三部分:前言、主体和附录。

(1)前言

这部分应该包括这次问卷调查的目的、意义、简单的内容介绍、关于匿名(强调保密,尊重隐私)的保证以及对回答者的要求。一般是要求回答者如实回答问题,最后要对回答者的配合予以感谢,并且要有调查者的机构或组织的名称,以及调查时间。以下面大学生网购调查问卷模板为例,如图 2.10 所示。

大学生网购调查问卷

您好,我们是XXX,我们正在进行一项关于大学生网购的调查,想邀请您用几分钟时间帮忙填答这份问卷。本问卷实行匿名制,所有数据只用于统计分析,请您放心填写。题目选项无对错之分,请您按自己的实际情况填写。谢谢您的帮助。

图 2.10　调查问卷前言模板

(2)主体

这部分是问卷调查的主要部分,包括调查的主要内容以及一些答题的说明。一般把问卷的主体又分为两部分,一是被调查者的背景资料,即关于个人的性别、年龄、婚姻状况、收入等问题;另一部分就是调查的基本问题。很多时候出于降低敏感性的考虑,把背景资料的问题放在基本内容的后面,如图 2.11 所示。

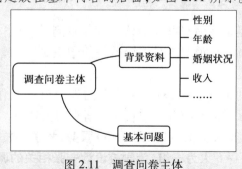

图 2.11　调查问卷主体

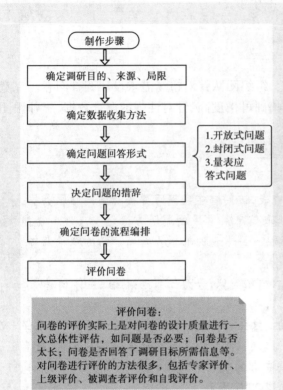

图2.12　在线调查问卷制作步骤

图中文字：

制作步骤

确定调研目的、来源、局限

确定数据收集方法

确定问题回答形式

1.开放式问题
2.封闭式问题
3.量表应答式问题

决定问题的措辞

确定问卷的流程编排

评价问卷

评价问卷：
问卷的评价实际上是对问卷的设计质量进行一次总体性评估，如问题是否必要；问卷是否太长；问卷是否回答了调研目标所需信息等。对问卷进行评价的方法很多，包括专家评价、上级评价、被调查者评价和自我评价。

一般来说，有关如何完成填写在线问卷的指导说明显示在问卷第一个问题的上方，对于回答问题的说明要写清楚，如怎么写答案，跳答的问题，哪些人不回答等的说明，有经验的调研者还会留出编码位以便于录入。如果对调查的样本有所限制，就需要对参与在线调查的人进行身份认证。

（3）附录（结束语）

这部分是调查的一些基本信息，如调查时间、地点、调查员姓名、被调查者的联系方式等信息的记录。在最后的结束语中，还要对被调查者的配合再次给予感谢。

2.在线调查问卷的制作步骤

在线调查问卷与传统调查问卷制作一样，应遵循一定的方法与步骤，以确保网上调研的质量。

在线调查问卷的制作步骤，如图2.12所示。

活动实施

案例分析

湖南是我国黑茶的主要产区之一，黑茶品类多样，产量高，质量好。近几年湖南黑茶产业发展更为快速，一批批企业和品牌如雨后春笋般涌现，逐步向内销与外销，向现代化转型。2016年全省黑茶综合产值突破130亿元，成为我国第二大黑茶生产区，仅次于云南。为实现湖南"千亿茶叶产业战略目标"，让湖南黑茶产业快速而又稳定地发展，为此对湖南黑茶消费市场进行了调查。

调查结果显示，湖南黑茶在消费群体中认可度比较高，受众群体是中高收入、素质较高的中年人。忠实粉丝群体偏小，消费者对传统黑茶的印象是"粗糙""粗老""低档"，对产品的质量和卫生缺乏信任。

该案例中，调查问卷的最终数据，对黑茶产业的发展有什么作用？通过调查及结果反馈，了解了哪些信息？什么样的在线调查问卷才是精彩的设计呢？

【做一做】学校正推出无人售货机（见图2.13）服务，为了解校内学生的真实需求，挖掘有效数据，请以小组形式（4~6人为一组）为学校设计一张相关的调查问卷。

步骤1：老师介绍活动背景，从而让学生清楚此次调查问卷的主题——关于校园无人售货机货品准备的调查问卷。

图 2.13　无人售货机

步骤 2:讨论校园无人售货机的利弊,理解设置问卷的目的——为在校学生提供便捷又受欢迎的货品。

步骤 3:经过对此次调查的背景与目的的交流讨论,各小组拟定调查问卷标题。

标题:＿＿＿＿＿＿＿＿＿＿＿＿＿＿＿＿＿＿＿

步骤 4:各小组收集调查资料,如无人售货机的布点,小卖部货品参考,学生活动活跃的地点、时段等,并相互分享,为问卷设计做好准备。

资料记录:

步骤 5:小组撰写调查问卷前言,样本如下:

中职学生日常消费调查问卷

前言:随着社会的发展,中职学生作为一个独立而又特殊的消费群体正受到越来越多的关注。由于中职学生处于校园与社会交界处,有着不同于社会其他消费群体的消费心理和行为,我们想通过此次调查,深入了解中职学生对于消费的认识,中职学生的消费中存在哪些问题,应该怎样去改进等问题,为中职学生步入社会打下良好基础。本次问卷调查属内部实践作业,不作为其他用途。感谢您能成为本次调查的一员。希望您如实填写,谢谢合作!

前言撰写:

步骤6:小组讨论问卷主体中调查点包括学生个人信息、货品种类(学生群体偏好)、价格、日均需求量等。

调查点补充:

步骤7:每个小组按照设置问卷的问题方向设计问卷主体,题目为10~15道。

问题设计:

步骤8:设置问卷结束语。

结束语:

步骤9:各小组将设计好的问卷相互交换,对对应小组的问卷进行点评、沟通,取长补短。

步骤10:经过步骤9的交流,各小组对自己设计的问卷进行修改和总结。

总结:

步骤11:上交问卷。

活动评价

通过新闻案例分析,感受网络调查的及时与便利。同时在分析问卷的基本结构、制作步骤的基础上,更深一步地学习问题表述和问题题型的设计要求、设计问卷注意要点等,为后续开展调查、分析市场等奠定基础。

合作实训

实训任务:邦威公司准备加大对网上商城的投资,假如你是邦威公司的网络营销人员,为了分析消费者的购物动机,首先必须设计一份调查问卷,以便收集反馈信息。

实训目的:通过实训帮助学生掌握调查问卷设计的必备技巧、注意事项,以及如何选择合适的调查问卷平台。

实训过程:学生通过小组(每组5~6人,推选一名组长,由组长根据小组情况进行任务分工)合作完成网络消费行为购买动机调查问卷。

　　步骤1：确立本次调查的目的。

　　步骤2：确定数据收集方法。

　　步骤3：确定问题回答形式和措辞。

　　步骤4：确定问卷的流程编排。

　　步骤5：评价问卷。

任务 2　实施网络市场调研

情境设计

　　正一科技有限公司是三明知名的"互联网+礼品"贸易公司,业务广泛,既包括为当地居民和旅客提供丰富的本地特产,又服务于当地旅游文化的开发。李帅被总公司任命为厦门分公司的营销总监,负责开拓当地市场。

　　那么新市场的目标客户是谁,客户需要哪些产品和服务,怎样的价格才能吸引他们,什么样的宣传效果最佳? 这些问题都需要进行实际的调查才能知道。因为公司主要采用互联网销售,所以李帅选择利用网络平台开展网络市场调研。

任务分解

　　李帅拟通过本任务落实网络市场调研,他制订了一个网络市场调查的计划,并把任务分解后交由网络市场调查员开展。

活动 1　掌握网络市场调研的方法步骤

活动背景

　　李帅首先要求网络市场调查人员掌握网络市场调查与传统市场调查相比有哪些优势,然后熟练应用各种网络市场调查的方法和工具,最后他要求调查人员列出网络市场调研的一般步骤。

> **知识窗**
>
> 1.网络市场调研的方法和工具
>
> 　　利用互联网进行市场调研有两种方法:一种是直接进行一手资料的调查,即网络直接市场调研;另一种方法是利用互联网的媒体与共享功能,在互联网上搜集二手资料,即网络间接市场调研。
>
> 　　(1)网络直接市场调研
>
> 　　网络直接市场调研是指利用互联网技术,通过网上问卷等形式调查网络消费者行为及其意向的一种市场调研类型。分类是认识事物的重要方法,根据不同的标志,可以将网上直接调研方法分为若干种类型。

按调研的思路不同,可分为网上问卷调研和网上论坛调研两种类型,如图2.14—图2.16所示。

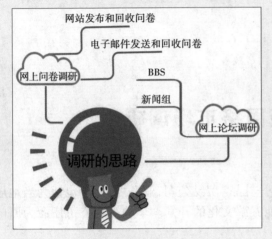

图 2.14　调研思路的分类

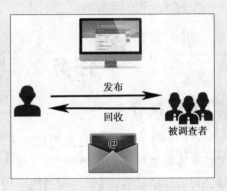

图 2.15　网上问卷调研

图 2.16　网上论坛调研

(2)网络间接市场调研

网络间接市场调研主要是利用互联网收集与企业营销相关的市场、竞争者、消费者以及宏观环境等方面的信息。网络间接调研的方法,一般通过搜索引擎搜索有关站点的网址,然后访问所想查找信息的网站或网页。

①收集竞争者信息的方法(见表2.2)。

表 2.2 收集竞争者信息的方法

搜索引擎检索	利用所有的相关关键词和喜爱的搜索引擎进行一系列的互联网检查是搜索竞争者信息的首选方法。寻找全球性竞争对手信息的最好方法是在全球导航网站如 Yahoo、altavista、planetseareh 中查找。收集国内竞争对手的方法,可以利用百度、新浪、搜狐等
访问竞争者的网站	竞争者的网站会透露竞争企业的当前及未来的营销策略。应该认真了解竞争者网站风格、内容和主要特色。虽然调研者在网站上可能发现不了什么内幕消息,但浏览竞争者的网站是获得大量信息的好开端
竞争者网上发布的信息	在互联网上日益增多的信息中,商业信息的增长速度是最快的。调研者在考虑这些信息对企业的作用时,应该注意它们的时效性和准确性
从其他网上媒体获取竞争的信息	如果企业没有自己收集竞争者信息的资源或技术,就只能外购竞争者的信息。外购信息优点是外部的咨询人员是客观的,他们具有丰富的专业经验,他们可以更快地完成报告,可以定期更新信息。外购的缺点是成本高,包括初始成本和更新信息的成本

②收集市场行情信息的方法。企业所收集的市场行情资料主要是指产品价格变动,供求变化方面的信息。收集市场行情信息,首先要了解可能用来收集市场行情信息的站点。这一类站点数目较多,大致有 3 种:一是实时行情信息网,如股票和期货市场;二是专业产品商情信息网;三是综合类信息网。一般来讲,不同商情信息网侧重点不同,最好是能同时访问若干家相关但不完全相同的站点,以求找出最新、最全面的市场行情。

③收集消费者信息的方法。消费者信息是指消费者的需要、偏好、意见、趋势、态度、信仰、行为和文化等方面的信息。通过互联网了解消费者的偏好,可以通过网上调研的方法来实现。了解消费者的偏好也就是收集消费者的个性特征,为企业细分市场和寻找市场机会提供基础(见表 2.3)。

表 2.3 收集消费者信息的方法

收集消费者信息的方法	
利用 cookie 技术收集消费者信息	cookie 是用户硬盘里一个小的文本文件,它可以把用户的上网信息储存在浏览器的存储器中。利用 cookie 技术,企业可以更详细地了解消费者的上网特征甚至购买行为。把通过 cookie 与电子问卷调研等手段收集的信息结合在一起,调研者就可以了解用户上网特征,包括用户人口统计数据,消费心理数据及统计数据
通过二手资料获取消费者信息	互联网可以让调研者迅速收集到遍布全球的二手消费者信息。有大量组织机构提供内容广泛的消费者信息,调研者可以在互联网上找到各种商业报告、贸易杂志、数据库和政府的人口普查数据。有些服务是免费的,但很多是付费的,一般来讲,购买二手数据比收集一手数据更快、更便宜。较常使用的免费数据有百度指数和阿里指数
利用专业统计软件收集消费者信息	有的公司还通过网页统计方法了解消费者对企业站点的感兴趣内容,现在的统计软件可以如实记录下每个访问页面的 IP 地址,如何找到该网页等信息。目前许多公司为了方便消费者,在公司网站架设 BBS,允许消费者对公司的产品进行评述和提意见

④收集环境信息的方法。环境信息是指与企业营销战略有关的宏观环境变量的总和。宏观环境主要是指直接或间接影响企业的生存与发展的技术、经济和政治因素。环境信息调研应该看成对主要的环境变量信息进行收集,评价并把它们与企业的日常决策和长期战略计划结合在一起的过程。在当今全球一体化趋势下,任何地方发生的事情或出现的问题都可以对企业实现其短期和长期目标的能力产生影响。

2.网络市场调研的一般步骤

网络市场调研与传统的市场调研一样,应遵循一定的方法与步骤,以保证调研过程的质量。网络市场调研一般包括以下几个步骤,如图2.17所示。

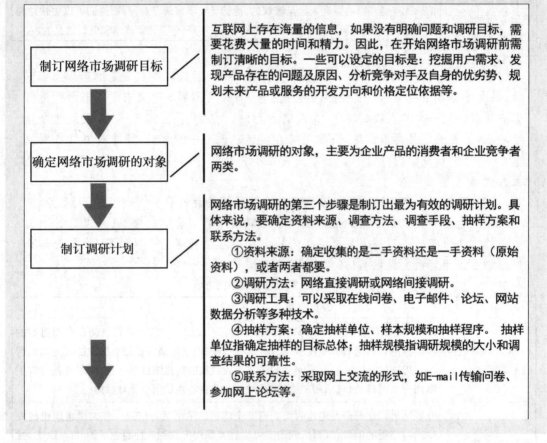

制订网络市场调研目标	互联网上存在海量的信息, 如果没有明确问题和调研目标,需要花费大量的时间和精力。因此, 在开始网络市场调研前需制订清晰的目标。一些可以设定的目标是:挖掘用户需求、发现产品存在的问题及原因、分析竞争对手及自身的优劣势、规划未来产品或服务的开发方向和价格定位依据等。
确定网络市场调研的对象	网络市场调研的对象, 主要为企业产品的消费者和企业竞争者两类。
制订调研计划	网络市场调研的第三个步骤是制订出最为有效的调研计划。具体来说,要确定资料来源、调查方法、调查手段、抽样方案和联系方法。 ①资料来源:确定收集的是二手资料还是一手资料(原始资料),或者两者都要。 ②调研方法:网络直接调研或网络间接调研。 ③调研工具:可以采取在线问卷、电子邮件、论坛、网站数据分析等多种技术。 ④抽样方案:确定抽样单位、样本规模和抽样程序。 抽样单位指确定抽样的目标总体;抽样规模指调研规模的大小和调查结果的可靠性。 ⑤联系方法:采取网上交流的形式,如E-mail传输问卷、参加网上论坛等。

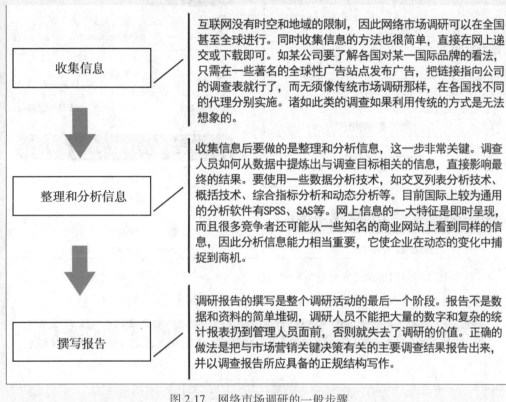

图 2.17   网络市场调研的一般步骤

活动实施

将前面已经设计好的关于校园无人售货机货品选择的调查问卷,通过问卷星发布到网上。

步骤 1:百度搜索问卷星,并进入首页(见图 2.18)。

图 2.18   问卷星首页

步骤 2:注册问卷星账号。单击首页右上角注册菜单,进入注册页面(见图 2.19)。

步骤 3:注册完毕,登录账号(见图 2.20)。

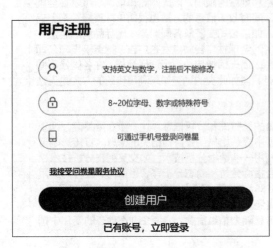

图 2.19 用户注册   图 2.20 登录

步骤 4：登录后进入创建问卷页面，单击左上角"+创建问卷"（见图 2.21）。

图 2.21 创建问卷

步骤 5：单击"问卷调查"菜单（见图 2.22）。

步骤 6：单击"导入文本"菜单（见图 2.23）。

步骤 7：将设计好的问卷文本复制，粘贴至左边对话框（见图 2.24），单击"确定"按钮。

步骤 8：单击"添加问卷说明"菜单，出现以下对话框。在问卷说明处添加调查问卷前言（见图 2.25）。单击"确定"按钮。

步骤 9：单击"完成编辑"菜单（见图 2.26）。

步骤 10：单击"发布此问卷"菜单（见图 2.27）。

步骤 11：复制问卷链接或者下载二维码（见图 2.28），将问卷发布至微信、QQ、微博等平台。

图 2.22　选择问卷类型

图 2.23　导入文本

图 2.24　调查问卷编辑

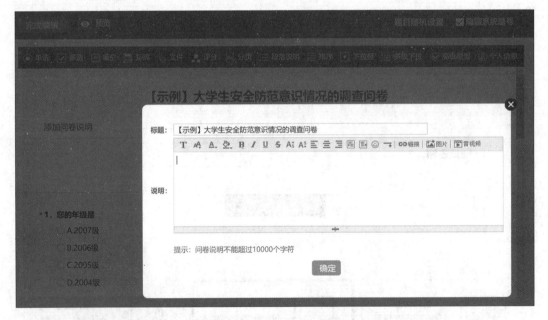

图 2.25　调查问卷前言

图 2.26　完成编辑菜单

图 2.27 发布此问卷菜单

图 2.28 问卷链接与二维码

活动评价

李帅和市场调查员最终克服了种种困难,完成了公司初步的网络市场调研任务。在任务实施的过程中,李帅和调查人员都对网络市场调研有了更进一步的了解,并积累了一些网络市场调研的经验,为公司网络营销推广策略的制订奠定了坚实基础。

活动2 撰写调研报告

活动背景

李帅团队经过前期的网络市场调研,收集了大量的问卷反馈信息,离开店又更进一步了,但在开店前要先就调研结果做好市场分析,最后才能做好合理的决策。李帅团队需要根据调研数据,分析出消费者的需求、行为习惯等信息,并作出调研的最终报告。

> **知识窗**
>
> 市场调研报告是经过在实践中对某一产品客观实际情况的调查了解,将调查了解到的全部情况和材料进行分析研究,揭示出本质,寻找出规律,总结出经验,最后以书面形式陈述出来。这就是调研报告。
>
> 1.市场调研报告结构
>
> 从严格意义上说,市场调查报告没有固定不变的格式。不同的市场调查报告写作,主要依据调查的目的、内容、结果以及主要用途来决定。但一般来说,市场调研报告的结构主要包括:标题、导言、主体和结尾(参考资料、附录),见表2.4。

表 2.4　市场调研报告的结构

结　构	内　容
开头	标题
	导言(内容提要)
主题	市场调查所获得的材料、数据
	调研结果(正文、表格、图表)
	分析、评论
	总的结论和建议
结尾	参考资料
	附录(有关调查的统计表、有关材料出处)

2.基本要求

(1)调查报告力求客观真实、实事求是

调查报告必须符合客观实际,引用的材料、数据必须是真实可靠的。要反对弄虚作假,或迎合上级的意图,挑他们喜欢的材料撰写。总之,要用事实来说话。

(2)调查报告要做到调查资料和观点相统一

市场调查报告是以调查资料为依据的,即调查报告中所有观点、结论都以大量的调查资料为根据。在撰写过程中,要善于用资料说明观点,用观点概括资料,二者相互统一。切忌调查资料与观点相分离。

(3)调查报告要突出市场调查的目的

撰写市场调查报告,必须目的明确,有的放矢,任何市场调查都是为了解决某一问题,或者为了说明某一问题。市场调查报告必须围绕市场调查上述的目的来进行论述。

(4)调查报告的语言要简明、准确、易懂

调查报告是给人看的,无论是厂长、经理,还是其他一般的读者,他们大多不喜欢冗长、乏味、呆板的语言,也不精通调查的专业术语。因此,撰写调查报告语言要力求简单、准确、通俗易懂。

市场调查报告写作的一般程序是:确定标题,拟订写作提纲,取舍选择调查资料,撰写调查报告初稿,最后修改定稿。

3.写作要领

(1)要做好市场调查研究前期工作

写作前,要根据确定的调查目的,进行深入细致的市场调查,掌握充分的材料和数据,并运用科学的方法,进行分析研究判断,为写作市场调查报告打下良好的基础。

　　要实事求是,尊重客观事实。写市场调查报告一定要从实际出发,实事求是地反映出市场的真实情况,一是一,二是二,不夸大,不缩小,要用真实、可靠、典型的材料反映市场的本来面貌。

　　(2)要中心突出,条理清楚

　　运用多种方式进行市场调查,得到的材料往往是大量而庞杂的,要善于根据主旨的需要对材料进行严格的鉴别和筛选,给材料归类,并分清材料的主次轻重,按照一定的条理,将有价值的材料组织到文章中去。

活动实施

通过问卷星收集调查数据,撰写调查报告。

(1)登录问卷星官网,收集下载关于校园无人售货机调查报告等数据。

步骤1:进入问卷星首页,点击右上角"登录"菜单(见图2.29)。

图 2.29　问卷星首页

步骤2:输入账号和密码(见图2.30)。

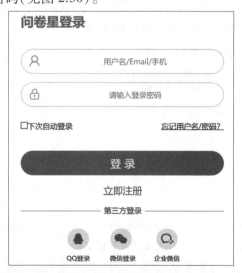

图 2.30　问卷星登录

步骤3:登录后进入以下页面,单击"分析下载"菜单(见图2.31)。

图2.31　分析下载

步骤4:点击"下载此报告"(见图2.32)。

图2.32　下载报告

步骤5:单击"下载文档"菜单,下载保存调查报告数据(见图2.33)。

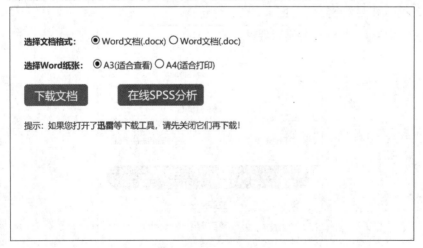

图2.33　下载文档

(2)4~6人为一组,讨论以下报告文本结构(见图2.34),以此为依据,利用第一题下载的报告数据,撰写数据对应的报告分析。

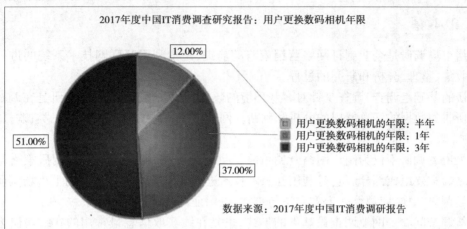

2017年度中国IT消费调查研究报告:用户更换数码相机年限

12.00%

用户更换数码相机的年限:半年
用户更换数码相机的年限:1年
用户更换数码相机的年限:3年

51.00%

37.00%

数据来源:2017年度中国IT消费调研报告

　　虽然数码相机是属于耐用消费品,但是随着电子产品更新速度加快,用户在购买数码相机后一般会在3年内重新购买,此类用户占此次调研数据的51%,可以视作消费类数码相机产品最普遍的更新周期;同时,也有近37%的用户会在一年左右更换数码相机产品,这个数据占整体的37%,究其原因是目前用户除了将数码相机作为拍摄工具外,也将其作为一种时尚消费品。

　　分析:基于此调研数据,我们建议数码相机生产厂商可以根据用户的更新换代时间来调整自身产品的开发与生产周期,从而适应用户更新换代的需求,对于以时尚类数码相机为市场切入点的厂商,可以适当缩短自身产品的开发与生产周期,借以满足更新产品时间较短的用户需求。

图 2.34　报告文本

活动评价

李帅团队经过一系列市场调研收集调研数据,通过数据的有效性筛选、整理、统计,在团队的讨论、分析下,整理出一份调研报告。这份报告将为团队接下来的任务指引方向,为团队更好、更合理做决策提供可靠的参考。

合作实训

实训任务:邦威公司准备加大对网上商城的投资,假如你是邦威公司的网络营销人员,检索最新的中国网购者调查报告,对收集到的信息进行整理、分析,对企业进行恰当定位,然后针对分析结果,总结邦威公司面对的消费者的购物动机。

实训目的:通过实训帮助学生达到初步掌握网络消费者购买行为的动机分析,以及培养学生团队合作精神

实训过程:学生通过小组(每组 5~6 人,推选一名组长,由组长根据小组情况进行任务分工)共同完成网络消费行为购买动机分析。

步骤1:针对最新的中国网购者调查报告,研究网络消费者购买动机分析,找准邦威公司的市场定位。

步骤2:分析客户购买动机及其影响因素并列举出来,结合课前项目综述,找出本企业的市场优劣势。

步骤3：各组在班级进行交流、分析。

项目小结

网络市场调研是企业制订网络营销策略的前提，是指利用互联网技术系统的进行营销信息的收集、整理、分析和研究的过程。

调研的基础是调查，调查是针对客观环境的数据收集和情报汇总；而调研是在调查的基础上对所收集数据的汇总情报的分析和判断。网上市场调研的对象主要有三类：购买者、竞争者、中立者。

网上市场调研不仅为制订网络营销策略提供有力支持，而且网上市场调研策略是网络营销策略的重要组成部分。它是利用互联网技术进行调研的一种方法。网上市场调研与传统的市场调研一样，应遵循一定的方法与步骤，以保证调研过程的质量。

在线调查问卷是网上调查最基本的形式，也是在线获取信息最常用的在线调研方法之一。在线调查问卷与纸质调查问卷的基本结构类似，分为前言、主体和附录三部分。在线调查问卷设计应遵循的基本原则有相关性原则、准确性原则、简洁性原则、客观性原则、中立性原则、礼貌性原则、可行性原则等，而这些原则一般体现在三类问题设计的具体要求中：问题表述设计的要求、问题题型设计的要求、问题排序设计的要求。

项目检测

1.单项选择题

（1）（   ）不属于网络市场调研工具。

A.电子邮件　　　　　B.文字链接　　　　　C.视频会议　　　　　D.论坛

（2）BBS中文译为（   ）

A.电子邮件　　　　　B.网站　　　　　　　C.网络公告栏　　　　D.广告

（3）下面哪一项不属于在线调查问卷的基本结构。（   ）

A.前言　　　　　　　B.客体　　　　　　　C.主体　　　　　　　D.附录（结束语）

（4）下列哪项不是网络调查法的特点。（   ）

A.具有较强的互动性

B.调查时间较短、范围广和反馈快

C.调查结果更为精确

D.可降低社会期待效应

（5）在网络上进行市场调研时，调查问卷的问题越（   ）越好。

A.详细　　　　　　　B.字数少　　　　　　C.多　　　　　　　　D.精练

（6）网上问卷调查法获得的原始信息，按网络商务信息来源分类属于（   ）。

A.免费商务信息　　　　　　　　　　B.网上直接信息

C.网上间接信息　　　　　　　　　　D.较低费用信息

（7）最常用的在线调研方法有（   ）。

A.在线调查问卷　　　　　　　　　　B.邮寄调查

C.人员调查　　　　　　　　　　　　D.实地调查

(8)封闭型问题的优点是(　　)。

A.充分反映调查对象的观点　　　　　　B.充分反映调查对象的态度

C.所获得的材料比较丰富　　　　　　　D.容易选择,答卷时间少

2.多项选择题

(1)收集竞争对手信息的网络技术手段有哪些?(　　)

A.搜索引擎检索　　　　　　　　　　　B.访问竞争者网站

C.收集竞争者网上发布的信息　　　　　D.实地考察

(2)在设计在线调查问卷时,设计者应该注意避免出现哪些问题。(　　)

A.调查内容过多　　　　　　　　　　　B.对调查说明不够清晰

C.过多收集被调查者的个人信息　　　　D.遗漏重要问题选项

(3)问题表述的设计要求有哪些?(　　)

A.用词必须规范　　　　　　　　　　　B.问题具有暗示性

C.内容必须具体　　　　　　　　　　　D.设计必须中立

(4)问题提醒的设计类型一般有(　　)。

A.封闭型　　　　B.混合型　　　　　C.引导型　　　　　D.开放型

(5)封闭式问题有哪几种题型?(　　)

A.是否式　　　　B.判断式　　　　　C.问答式　　　　　D.选择式

(6)在线调查问卷的制作步骤包括(　　)。

A.确定数据收集方法　　　　　　　　　B.评价问卷

C.数据收集方法　　　　　　　　　　　D.确定问卷的流程编排

(7)在线调查问卷设计有哪些方面的要求?(　　)

A.问题内容设计的要求　　　　　　　　B.问题题型设计的要求

C.问题表述设计的要求　　　　　　　　D.问题排序设计的要求

(8)问题排序设计的要求(　　)。

A.按先封闭式后开放式问题排列　　　　B.按先特定性后总括性问题排列

C.按先易后难　　　　　　　　　　　　D.按敏感问题排列

3.简述题

(1)简述网络市场调研的主要内容。

(2)简述在线调查问卷的制作步骤。

(3)根据小组讨论的问题,请拟出一份调研计划。

项目 3　网络消费行为分析

项目综述

　　美特斯邦威是美特斯邦威集团自主创立的本土休闲服品牌,主要研发、生产、销售美特斯邦威品牌的休闲系列服饰,品牌致力于打造"一个年轻活力的领导品牌,流行时尚的产品,大众化的价格",随着网络的发展,集团决定全力打造全新的网络购物时尚平台——邦购商城,提供更多购物体验。周杰在公司里面担任网络营销部门的主管,负责整个邦购网上商城的网络营销。

　　为了网上商城产品理念及区域准确定位,周杰带领团队对网络消费者消费行为进行一系列分析,包括网络消费者购买动机分析、网络消费者购买行为分析和网络消费者购买决策分析等,对网上商城网页及时整合、提高购物体验及对售后服务作出合理调整,积累数据,为以后的业务开展积累经验。

项目目标

　　通过本项目的学习,应达到的具体目标如下:

知识目标

➤ 掌握网络消费者的概念

➤ 熟悉网络消费者的特征

➤ 掌握网络消费者的购买动机

➤ 掌握网络消费者的购买行为

➤ 掌握网络消费者的购买决策

技能目标

➤ 能对网络消费者的购买动机进行分析

➤ 能对网络消费者的购买行为进行分析

➤ 能对网络消费者的购买决策进行分析

情感目标

➤ 培养良好的逻辑思维能力及分析能力

➤ 养成细致严谨的工作态度

项目任务

任务　分析网络消费行为

任务　分析网络消费行为

情境设计

目前邦购网上商城遇到的最大问题是创办时间短,对网络消费人群的分析欠缺,导致网站、产品及售后问题频出,因此周杰决定首先带领团队对网络消费者的消费行为进行一系列分析,包括网络消费者购买动机分析、网络消费者购买行为分析和网络消费者购买决策分析等。于是如何分析网络消费行为,成为周杰当下最迫切的需求。

任务分解

周杰拟通过本任务落实网络消费行为分析,为此他制订了一个网络消费行为分析的步骤,并把部分任务分配给助理李杰去完成。

活动 1　了解网络消费者的购买动机

活动背景

以前的经验告诉周杰,一个定位准确、抓住消费者心理的网站会带来巨大的流量,消费者决定花钱买东西的行动,是在某种动机推动下进行的。

> **知识窗**
>
> 1.网络消费者的定义及类型
>
> 网络消费者是指通过互联网在电子商务市场中进行消费和购物等活动的消费者人群。网络消费者有以下六类:简单型、冲浪型、接入型、议价型、定期型和运动型(见图 3.1)。

2.网络消费者的购买动机

动机是指由需要引起的,想要满足各种需要的一种心理状态,即刺激人行动的原因。动机很难被直接观察或者看出来,但是它可以根据人们长期的习惯性表现而被归纳出来。

网络消费者的购买动机,是指在网络消费中,促使消费者产生购买行为的原动力。只有了解了消费者的购买动机,才能预测网络消费者的购买行为,才能更好地采取应对措施。网络消费者的购买动机基本可分为需求动机和心理动机两大类(见图3.2)。

图3.1　网络消费者的类型

图3.2　网络消费者动机的类型

(1)需求动机

购买由需求产生,最后导致购买行为,因此,深入了解购买行为,需从消费者的网络购买需求着手。需求动机是指消费者由于各种需求,包括低级的和高级的需求而引起的购买动机。网络消费者的需求动机包括两个方面:

①传统的马斯洛需求层次理论在网络需求分析中的应用(见图3.3)。

图3.3　马斯洛需求原理

②现阶段网络消费者新的需求,包括兴趣、聚集、交流等。

（2）心理动机

心理动机是指因为消费者的例如情感、认知等一系列心理活动过程引起的购买动机。

网络消费者购买行为的心理动机主要分为以下 3 个方面：

①理智动机。理智动机是指消费者对某种商品有了清醒的了解和认知，在对这个商品比较熟悉的基础上所进行的理性抉择和做出的购买行为。拥有理智动机的网络消费者一般以中青年较多，他们生活阅历丰富、文化修养较高，有一定的逻辑分析能力。该人群网购一般都是基于在实体店、网店多方比较，他们对所需购入物品的价格及优劣有清晰了解，这种购物行为是在理智动机的驱动下形成的。因此较少受到外界氛围的影响，他们主要关注商品的质量、科技含量及性价比。

②感情动机。基于喜、怒、哀、乐等情绪和道德、情操、群体、观念等情感所引起的购买动机称为感情动机。感情动机分为低级形态的感情动机和高级形态的感情动机。低级形态的感情动机，是由于喜欢、满意、快乐、好奇而引起的，具有冲动性、不稳定性的特点，如网络上爆红的一个产品，消费者很容易跟风冲动购物；高级形态的感情动机，是由于人们的道德感、美感、群体感所起的，具有较强的稳定性、深刻性的特点，如中秋期间，顺丰"嘿店"为家人送上佳节礼品服务，在网络下单月饼可免费邮寄到异地等都属于这种情况。

③惠顾动机。它又称信任动机，是消费者基于理智或感情，由于对某网站或者产品有一定的信任和偏好而重复性、习惯性地访问该网站及购买商品的动机。消费者之所以产生这样的动机，是基于搜索引擎的便利、网站的便利和图标广告的醒目等。拥有惠顾动机的消费者，具有忠诚性，他们不仅自己经常购买，而且还会对其他网民进行宣传推荐。

活动实施

【案例分析】当泳衣成为"度假社交"标配，淘宝品牌的生存之道；产品派：如何靠产品力捍卫话语权。

从事多年内衣和睡衣的外贸之后，创立泳装品牌"爱沫汐"（见图 3.4）的张小艾，决定做一门长久的品牌生意。

图 3.4 爱沫汐泳衣

福建是很多国内知名运动品牌的发源地,位于运动面料源头,爱沫汐是为数不多敢于自建工厂、坚持原创的品牌。

张小艾的电商公司只有 10 多人,但设计师、版师、摄影师等。相比选款模式的便利性,自己打版自己生产的周期较长,往往为 2~3 个月。

度假正成为消费者购买泳衣的场景之一,这意味着泳衣已经不仅仅是一件游泳单品,而是要拍出美美照片的社交工具。在设计时,张小艾会兼顾泳衣的多重场景,定位简单、实用。但即使是最基本款的连体泳装,爱沫汐也会多重把关:

首先,考虑女生担心身材问题,爱沫汐会利用设计来调整腰部、胸部、大腿等不同部位,以达到显瘦的效果。其次,初稿之后,爱沫汐通过与版师进一步沟通将图像立体化,在美观基础上以实用为标准调整细节部位的工艺。最后,寻找合适的颜色图样打样,公司女员工都会亲自试穿,审查每个细节,一款新品样衣有时要重复制作十几次。

随着粉丝日渐增多,张小艾通过建群圈定了 1 万多个活跃粉丝,为老客户提供服务,粉丝反过来也会提供灵感和产品反馈。也是从这时候开始,张小艾逐渐清晰了用户画像,他们大都是 30 岁左右的年轻妈妈,爱时尚,也会经常以家庭为单位旅游度假。

捕捉到他们的亲子需求,爱沫汐开始向母婴产品扩张,一年后母婴产品成为重点运营策略。目前,亲子装已占到总成交额的一半左右,而儿童泳装也带来了更高的利润。

阅读以上材料后,运用知识窗理论知识,分析讨论:

①消费者对泳衣有哪些方面的需求。

②这些需求属于哪些方面的购买动机。

③卖家张小艾是怎么去发现消费者需求的。

【想一想】如何对网络消费人群的购买动机进行分析?

友情提示

根据以上网络消费者购物动机的特点,生活中可以多留意一些网店的促销活动,结合活动的目的推导分析活动的受众群体,并学习借鉴活动中的创意点是如何触发受众群体的需求动机的。

活动评价

周杰及其团队最终克服了种种困难,完成了公司网上商城的网络消费者购买动机分析。在任务实施的过程中,周杰对目标消费者有了进一步的了解,为接下来公司进行网络营销奠定了坚实的基础。

活动2　分析网络消费者的购买行为

活动背景

以前的经验告诉周杰,不同的产品有不同的购买行为,要满足消费者的需求,必须搞清楚消费者在什么时间需要,消费者在什么地点方便购买,定什么价格消费者才能接受,说什么话消费者愿意听。要明白这些问题,就应当研究网络消费者的购买行为。

知识窗

1.网络消费者购买行为的定义及特点

网络消费者的购买行为即网络消费者受营销和环境的刺激产生需求,直至最终作出购买决策的整个过程。随着生活节奏的加快、消费水平的提高,消费者的购物行为发生了翻天覆地的变化,方便快捷成为影响消费者购买行为的重要因素。为了迎接这一系列的变化,传统商业的变革迫在眉睫。电子商务的产生满足了消费者方便快捷购物的要求,因此它得到了蓬勃快速的发展。在电子商务模式下,消费者的购物行为与传统购物行为相比较,有以下主要特点:①消费市场满足个性化需求;②主流化的服务需求;③消费者可选择性广和影响购买行为中感情权重较大;④消费者和生产者之间构成了商业流通循环。

2.影响网络消费者购买行为的因素

网络消费与在传统商业中消费的区别较大,国内外专家学者对网络消费者购物行为的影响因素的研究层出不穷,我们综合各学者观点,将影响网络消费者购物行为的众多因素分为两大类。

(1)直接因素

直接因素主要包括产品特性、产品价格、网站性能、网站购物环境体验。

①产品特性。由于市场不同,网络消费者的消费需求异于传统消费需求,因此并非所有市面的产品均能适合网络市场销售。由于网络消费无法直接接触产品,因此网络销售中需要对产品进行文字描述及图片拍摄,以满足顾客了解产品的需求,抓准消费者的消费心理,就能增加销量。数据显示,在商品品牌、品质方面唯品会优势凸显,有40.8%的网购消费者对它认可,领先于第一阵营其他购物网站,可见唯品会特卖模式的"精选品牌、正品保障"的特点已经深入人心(见图3.5)。

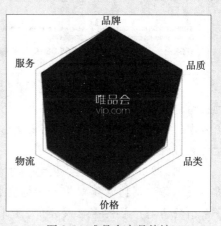

图3.5　唯品会产品特性

②产品价格。互联网上的信息丰富多样,消费者很容易对商品进行比价。产品的价格不是消费者购买该产品的唯一原因,但是非常重要的因素之一。"双十一"的火爆,主要原因是消费者能在这一天买到半价甚至更低价格的产品。同时厂家也抓住消费者这一特性,各类比价网层出不穷。例如:慢慢买网(比价网)输入商品进行搜索即可获取网络上各个商场同一件产品的价格(见图3.6)。

③网站性能。网站性能包括网页设计、网站访问便利和网站专业性三个方面。根据心理学研究,大多数人脑决策都是短时间内做出的,当网络消费者选择各式各样

图 3.6　慢慢买网站

的网站进行购物时,感性权重较大。问卷调查表明,影响消费者购物行为的网站性能因素中,购物网站的专业性权重最大,其次为购物网站访问的便利性,最后为购物网站的新颖性。

④网站购物环境体验。网站购物环境体验包括商品的展示、购物体验和适宜的界面展示等。网络营销对消费者的吸引及转化还是有一定难度的。企业一定要及时了解消费者对产品的需求及评价,设计建立好商城网站及淘宝页面,商品展示采用合适的文案及引人注目的实物照片吸引客户,同时采取相应的促销营销手段吸引客户访问网站购买商品。

(2)间接因素

间接因素主要包括便捷因素、个人特征因素、安全感及信任感。

①便捷因素。便捷因素包括两个方面:一是支付流程;二是物流服务,购物网站商品寄达的费用及速度是影响消费者购物行为产生的因素之一。

②个人特征因素。个人特征因素包括性别、所处年龄阶段、受教育程度、收入水平和使用互联网的熟练情况等。根据《2016 年中国消费者网络消费洞察报告与网购指南》调查指出:网购消费者对服装配饰、家居用品、个护美妆的偏好,高于图书音像、营养保健等关乎"内在"的种类(见图 3.7)。

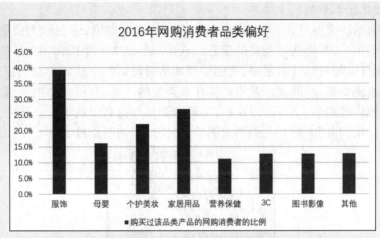

图 3.7　网购消费者的偏好

③安全感及信任感。许多网络消费者对网络购物持谨慎态度,主要担心信息泄露及售后服务差,这在一定程度上制约了网络消费的发展。

活动实施

步骤 1:打开淘宝大学首页,搜索"淘宝群"(见图 3.8),观看了解淘宝新利器——"淘宝群"功能。

图 3.8　淘宝群教学视频

步骤 2:阅读以下案例:

"淘宝群"已经开始改变消费者的购物路径。

"S 码相当于欧码 34 还是 36?"

"这是直筒还是修身?"

"樱桃款是不是真丝的?"

一个170人的淘宝群里,回头客正在询问店内的服饰详情,店主只需要解释一次,所有对同款感兴趣的用户,都能获悉相关的信息。这是一个诞生于手机淘宝的购物群,借助淘宝群,商家不仅仅可以与粉丝日常联络,更能精准地从粉丝运营中找到粉丝的消费偏好。粉丝也可以给群主出谋划策,告诉商家希望购买什么类型的产品,有何具体的需求。群组内的粉丝可以优先体验店铺新品、专享群内价格,还可定期参与福利团购等。这样一来就可实现新品在群内提前试水,利用老顾客帮助商家测款,尽快破零冲销量排名。

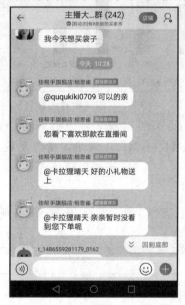

图3.9　淘宝群

以小组形式(4~6人一组)进行讨论:结合案例、淘宝群教学视频及生活实际,说说淘宝群给粉丝带来了哪些购物体验。在淘宝群中,影响消费者购物行为有哪些因素。

(资料来源:淘宝官方)

以小组形式(4~6人一组)进行讨论:结合案例、淘宝群教学视频及生活实际,说说淘宝群给粉丝带来了哪些购物体验。在淘宝群中,影响消费者购物行为的因素有哪些。

【想一想】请大家思考影响网络消费者购物行为的因素。

友情提示

根据以上网络消费者购物行为的特点,在分析过程中可能还会遇到很多细节问题。网站的视觉设计,往往迎合其目标客户群体的消费特点;网上的商品及商品组合,如泳衣搭配防水化妆品等,都是从消费需求出发而设计的。

活动评价

周杰及其团队最终克服了遇到的种种困难,完成了公司网上商城的网络消费者购买行为分析。在实施任务的过程中,周杰搞清楚了消费者在什么时间需要购买,消费者在什么地点方便购买,定什么价格消费者才能接受,说什么话消费者愿意听,为接下来公司进行网络营销奠定了坚实的基础。

活动 3　掌握网络消费者的购买决策

活动背景

以前的经验告诉周杰,在消费者网络购物决策行为过程中,会反映不同消费者的行为表现。看到别人穿新潮服装,自己也想购买,这是什么因素在驱动呢? 整个购物决策的过程是怎样进行的呢? 因此,营销者应分析网络消费者的购物决策,将营销方案策略用得恰到好处。

知识窗

1.网络消费者购买决策的概述

消费者购买决策是指消费者谨慎地评价某一产品、品牌或服务的属性并进行选择、购买能满足某一特定需要的产品的过程。消费者的购物决策过程是消费者需求、动机产生、购买活动和买后评价的综合与统一。购买决策的信息处理过程可以分为以下 5 个阶段:引起需要、收集信息、评价方案、购买决策和购后行为。

2.网络消费者购买决策的构成过程

(1)引起需求

天气冷了没有御寒衣物,我想买;"双十一"大规模广告吸引我,我想买。这两个例子都是需求的产生,一个为发自内心的需求,一个是外界刺激的需求。网络购物的起点是需求的产生,由于网络消费的特殊性,消费者只能看到图片及文字,因此网络消费中诱发消费者的需求主要为视觉与听觉的诱发。作为网络经营者,掌握诱发需求的关键点,以便用针对性的促销手段去吸引消费者访问商品链接,产生购买需求。

(2)收集信息

网络的便捷及信息的膨胀,是消费者选择上网搜索的关键。因此收集信息、了解行情,成为购物决策的第二个环节。

(3)评价方案

货比三家及支付平台的便捷,是消费者满足需求的重要因素。由于网络消费的特殊性,消费者只能根据商家图片及文字进行选择评价,这同时也决定了哪些商品适合在网络销售。网络商家在网络营销中着重商品的文案及图片的拍摄、网店的装修,以吸引更多顾客。网络消费者购物时根据自身需求通过对网店的信誉评价、商品评价、商品图片、优惠力度等进行购物评价,寻找信誉高、口碑品牌好的店铺。

在消费者的评估选择过程中,有以下几点值得营销者注意:①商品性能是首要因素;②不同消费者对产品的各种性能给予的重视程度不同,或评估标准不同;③多数消费者的评选过程是将实际产品同自己理想中的产品相比较。

(4)购买决策

消费者经过需求产生、进行信息收集,进而对收集的信息进行评价,便进入购买决策阶段。消费者需要对购买动机、购买对象、购买数量、购物地点、购买时间及购买方式进行决策。

消费者在决定购买某件商品时,必须具备3个条件:①对店铺有信任感;②对支付方式有安全感;③对产品有好感。

(5)购后评价

消费者在完成购物决策后,会对自身购买行为进行评价总结,在网络发表购物体验。若是好的购物体验,形成口碑营销,会使商家获益匪浅;若为不好的购物体验在网上反映,例如差评中评,会让网民产生不良印象,打消潜在消费者的购物欲望。方便快捷的网络评价机制,例如淘宝购物后的评价等,为网络营销者收集购后评价提供了得天独厚的优势。厂商在网络收集这些评价之后,通过计算机的分析归纳,可以迅速找到工作的缺陷及不足,及时了解消费者的意见和建议,制订相应对策,改进自身产品的性能和售后服务。

活动实施

【议一议】以下是拼多多(见图3.10)、拼好货董事长黄峥演讲实录。

图 3.10　拼多多购物 APP

图 3.11　抢现金红包活动

黄峥:在过去的一年多里,我们开创了一种新的购物方式,这种新的购物方式就是有好东西和朋友去分享,拉上几个人拼在一起买东西。和以前搜索电商不一样,这个东西有效地把优质的商品内容和人与人之间的互动,还有通过社交媒体的传播结合了起来。

这种前端的微创新,加上后端的供应链端运营,已积累了超过一个亿的付费用户,每个月的 GMV 也从 0 开始增长到 20 多亿,当平台前端流量起来以后,也吸引了很多商户、品牌、垂直类的有供应链基础的电商进入我们的平台里,其中包括一些非常知名的电商平台,更加包括一些顶级消费品的品牌。

回过头来看我们过去的成长路径,去看我们靠什么东西走到今天,有两三点和大家分享。

第一,我们自己认为,我们每天花的时间从有明确目的的搜索的、追求效率的逐渐转向没有目的的、非搜索的、社交的、娱乐的。微影时代就是一个很好的例子,它是两个东西的结合:

一是符合了人的消费转移,从实体商品到娱乐类的内容消费(见图 3.11)。

二是从流量源来讲从搜索流量变成社交流量。

我们也一样,从原来电商抓取有明确目标要买某一样东西,去某个地方搜,变成我没有一个明确的目的,好像在线下原来带着一个购物列表去家乐福、沃尔玛,后来逐渐转变为很多时间我不知道有什么明确目的,去逛一逛,顺手看到好的东西就拿回来,同时可能叫上很多好朋友或者几个人一起逛,这样一个变化是推动我们成长非常强大的动力。以淘宝为代表的电商,是搜索电商的极致。

根据拼多多董事长的演讲,结合拼多多平台购物模式及活动,讨论:

①拼多多新的购物方式是怎样的?

②拼多多购物平台的消费者是怎样搜集信息的?

③拼多多为什么能成功引发更多消费者需求?

【知识扩展】节选一些调查数据展示社会化媒体是如何影响消费者购物决策的。

①iMEDIA。当消费者从他们的朋友那里听到某个品牌后,会驱动他们比平常人多 2 倍的意愿与该品牌接触,多 4 倍的意愿去购买该品牌。

②SearchEngineLand。52%的消费者认为网络上的正面评论(reviews)会促使他们更愿意去当地的企业消费。

③SearchEngineLand。有 72%的消费者相信在线评论如同亲友们的亲自推荐。

④Allfacebook。针对超过 6 500 名的美国消费者所做的调查显示:有 3/4 的消费者的购买决策会先参考脸书上的评论,且有一半的受访对象会因为社会化媒体上的推荐而尝试新品牌。

⑤麦肯锡。中国拥有全球最多、最活跃的社交媒体,社交媒体对中国消费者购买决定的影响比其他国家和地区更大。

⑥Clever Girls。88%的女性消费者会因品牌经由社会化媒体分享了优惠券、折扣、购买技巧和新点子而在假期购买商品。

【想一想】请大家思考:分析社会化媒体对消费者的购买决策的影响。

友情提示

　　根据以上信息收集渠道的特点,基于消费者的购买决策过程,为影响消费者决策,提升消费者购物体验,淘宝推出问大家功能区。从一个导航购物网向以经验共享、买家互助的服务社区转变。

活动评价

周杰及其团队最终克服了遇到的种种困难,完成了公司网上商城的网络消费者购买决策分析。在实施任务的过程中,周杰将市场销售与营销推广挂钩。对消费者的购买决策影响也是深化覆盖,利用网络营销做精细化管理,为提高产品销量奠定了坚实的基础。

合作实训

实训任务:李海及王红通过学习对网络营销产生了浓厚的兴趣,上网检索了海尔电子商务相关信息,在老师的鼓励下主动进行海尔公司电子商务公司网络营销行为的资料搜集,采用角色扮演方式,假定你是海尔公司的网络营销人员,对搜集到的信息进行整理、分析,对企业进行恰当定位,然后针对分析结果,总结海尔公司面对的消费者的购物行为。分析海尔电子商务如何捕捉消费者的行为,谈谈对海尔电子商务为何能成功的体会。

实训目的:通过实训,使学生初步掌握网络消费者购买行为的分析方法,以及培养学生团队合作精神。

实训过程:学生通过小组(每组 5~6 人,推选 1 名组长,由组长根据小组情况进行任务分工)共同完成网络消费者购买行为的分析。

步骤1:检索海尔电子商务的相关案例信息,搜集海尔公司的网络营销行为,采用多媒体工具。

步骤2:分析海尔电子商务如何捕捉消费者的行为并列举出来,找出海尔电子商务的市场优势和劣势。

步骤3:各组在班级进行交流、分析。

项目总结

通过这一项目的学习,我们掌握了网络营销中的重要知识点:从网络消费者的购买动机、购买行为及购买决策三方面分析网络消费行为。

网络消费者是指通过互联网在电子商务市场中进行消费和购物等活动的消费者人群。网络消费者不外乎以下 6 类:简单型、冲浪型、接入型、议价型、定期型和运动型。进而分析网络消费者的购买动机。网络消费者的购买动机是指在网络消费活动中,促使消费者产生购买行为的原动力,基本可分为需求动机和心理动机两大类。

网络消费者的购买行为即网络消费者受营销和环境的刺激产生需求直至最终作出购买决策的整个过程。本书将影响网络消费者购物行为的众多因素分为两大类直接因素及间接因素。

消费者的购物决策过程是消费者需求、动机产生、购买活动和买后评价的综合与统一。购买决策的信息处理过程可以分为以下 5 个阶段:引起需要→收集信息→评价方案→购买决策→购后行为。

项目检测

1.单项选择题

(1)网络消费者决定消费的起点是(　　　)。

A.需求的诱发　　　　B.需求的确定　　　　C.评价方案　　　　D.购后评价

(2)传统的马斯洛需求层次理论包括生理需求、安全需求、社交需求、(　　　)和自我实现需求。

A.尊重需求　　　　B.兴趣需求　　　　C.感情需求　　　　D.自我需求

(3)网络消费者的购买动机基本可分为需求动机和(　　　)两大类。

A.理智动机　　　　B.感情动机　　　　C.信任动机　　　　D.心理动机

(4)在支付宝推出之前,网络购物一般采用直接汇款,自从支付宝 2004 年诞生后,支付宝推出"全额赔付"支付,提出"你敢用,我敢赔"承诺,使用支付宝在各大网上商城购物的消费者大幅增加,这主要利用(　　　)影响了消费者行为。

A.安全感及信任感　　B. 产品价格　　　　C. 网站性能　　　　D.网店信誉

(5)好的购物体验可以(　　　)。

A.形成口营销碑　　　　　　　　　　B.打消消费者购买欲望

C.反馈产品的不足　　　　　　　　　D.造成中差评

2.多项选择题

(1)网络消费者的类型包括(　　　)。

A. 简单型　　　　B.冲浪型　　　　C.接入型　　　　D.议价型

E.定期型　　　　F.运动型

(2)现阶段网络消费者产生了新的需求,包括(　　　)。

A.兴趣　　　　B.聚集　　　　C.交流　　　　D.社交需求

(3)网络消费者购物行为的众多因素分为(　　　)及(　　　)两大类。

A.直接因素　　　　B.间接因素　　　　C.中性因素　　　　D.个人因素

(4)购买决策的信息处理过程可以分为(　　　)、收集资料、比较选择、(　　　)和购后评价这 5 个阶段。

A.了解行情　　　　B.需求的诱发　　　　C.售后服务　　　　D.购物决策

(5)消费者购买决策的信息处理过程可分为(　　　)。

A.购买决策　　　　B.引起需要　　　　C.收集信息　　　　D.购后行为

(6)在消费者的评估选择过程中,值得营销者注意的有(　　　)。

A. 商品性能是首要因素

B.不同消费者对产品的各种性能给予的重视程度不同,或评估标准不同

C. 对店铺有信任感

D.多数消费者的评选过程是将实际产品同自己理想中的产品相比较

3.简述题

（1）简述消费者的购买动机。

（2）简述网络消费者购买行为的影响因素。

（3）简述购买决策的信息处理过程。

项目 4   选择网络目标市场

项目综述

　　"皮疯子"是一家新成立的网上商城,专营各类真皮手工制品,包括男包、女包、男鞋、女鞋等。但自从开通网上商城以后,"皮疯子"的访问量及销量都一般。这让"皮疯子"总经理李康十分苦恼。"皮疯子"原本是深圳市一个线下自创手工品牌,开设了5年多的实体店铺,因为产品物美价廉,积累了一批忠实的线下客户,分店越开越多,这才让李康萌生了独立开设网上商城的想法。经过半年的建设期,网上商城顺利开业。和预期不同,网上商城开业后业绩惨淡,让李康尤为尴尬。李康百思不得其解,实体店铺热卖的单品全部放至网上商城,并且都作为主打产品进行各种促销,为何就是没有形成"网上爆卖"的形势?为解决"皮疯子"网上商城的尴尬处境,李康开始认真思考。他通过对实体店铺和网上商城的客户进行市场调研,发现网络消费者的购买动机和行为等都呈现出独有特征。于是,他决定根据网络消费者的特点重新对网络市场进行细分,以针对不同的目标市场采用不同的产品价格和营销手段。

项目目标

　　通过本项目的学习,应达到的具体目标如下:
知识目标
➤　掌握网络目标市场的概念
➤　掌握网络市场细分的标准和方法
➤　了解常见的几种网络营销平台
➤　掌握网络营销策略的选择技巧

技能目标

➤ 能对客户做出基本的市场细分

➤ 能依据市场细分做出有利的目标市场选择

➤ 能有效地选择网络营销平台进行产品销售

➤ 能有效地使用营销策略组合

情感目标

➤ 具有市场细分意识

➤ 具有目标市场选择的分析能力

➤ 具有竞争意识并乐于挑战

➤ 养成善于思考和发现问题的工作习惯

项目任务

任务 1　认识网络目标市场

任务 2　选择网络目标市场

任务 1　认识网络目标市场

情境设计

"皮疯子"线下火热、线上冷清的销售情形让李康开始重新审视网络市场。经过市场调研,他决定对市场重新进行细分,并根据自身特点选择其中更具有竞争优势的网络目标市场集中力量攻坚,提升网上商城知名度,从而提高销量。

于是,如何进行市场细分及选择目标市场成了李康工作的当务之急。

任务分解

根据公司现有的产品力量和市场调研得来的数据,李康联合营销部开始对客户进行市场细分。

任务实施

活动 1　细分网络市场

活动背景

市场细分要从消费者角度进行划分,李康明白,如果市场细分不准确,或目标市场选择不当,都会给公司带来重大损失,甚至使公司误入歧途。因此,李康开始认真研究市场细分和目标市场选择的理论依据,结合自身经验,重新规划市场目标。

知识窗

19 世纪 50 年代,美国著名的市场学家温德尔·史密斯(Wendell R.Smith)首次提出市场细分的概念。它是以消费者为中心的现代市场营销观念的必然产物。市场细分是指企业根据市场需求的多样性和购买者行为的差异性,把整体市场(即全部顾客和潜在顾客)划分为若干具有某种相似特征的顾客群,以便确定自己的目标市场。

1.网络市场细分的概念

网络市场细分则是指企业在调查研究的基础上,依据网络消费者的购买欲望、购买动机与习惯爱好的多元性和差异性的特点,把网络营销市场划分成不同类型的消费群体,由每个消费群体分别构成企业的一个细分市场。

网络消费者需求的差异性是网络市场细分的客观基础。

2.网络市场细分的依据

细分消费者市场的变量主要有地理变量、人口变量、心理变量、行为变量这四大类。以这些变量为依据进行市场细分就产生了地理细分、人口细分、心理细分和行为细分四种市场细分的基本形式(见表 4.1)。

表 4.1　网络市场细分的依据

细分标准	细分变量
地理因素	国家、地区、城市规模、气候、人口密度、地形地貌、交通状况和人口密度等
人口因素	年龄、性别、家庭规模、家庭生命周期、收入、职业、教育程度、宗教、种族和国籍等
心理因素	社会阶层、生活方式、性格、购买动机和态度等
行为因素	购买时间、购买数量、购买频率、购买习惯(品牌忠诚度),对服务、价格、渠道和广告的敏感程度等

3.网络市场细分的方法

市场细分有 3 种方法,即完全细分、按一个影响需求的因素细分和按两个以上需求影响因素细分(见表 4.2)。

表 4.2　网络市场细分的方法

①完全细分	完全市场细分是指将市场上的每一个消费者都看成一个独立的市场,企业根据每位消费者的不同需求为其生产不同的产品
	理论上说,只有一些小规模的、消费者数量极少的市场才能进行完全细分,这种做法对企业而言是不经济的。尽管如此,完全细分在飞机制造、奢侈品等行业还是大有市场,"定制营销"就是企业对市场进行完全细分的结果
②按一个影响需求的因素细分	它是指企业有意忽略消费者彼此之间需求的差异性,选择其中影响购买者需求最强的因素进行细分
	这种细分方法适用于通用性比较大、挑选性不太强的产品,如螺丝刀、钉子等
③按两个以上影响需求的因素细分	大多数产品都需按两个或两个以上的因素细分,因为大多数产品的销售都受购买者多种需求因素的影响,如不同年龄范围的消费者,因生理或心理的原因对许多消费品都有不同要求;同一年龄范围的消费者,因收入情况不同,也会产生需求的差异

4.网络市场细分的步骤

①明确研究对象;

②拟订市场细分的方法、形式和具体变量;

③收集信息;

④实施细分并进行分析评价;

⑤选择目标市场,提出营销策略。

5.网络市场细分的作用

网络营销市场细分主要有以下几个方面的作用(见表4.3)。

表 4.3　网络营销市场细分的作用

①有利于企业发掘和开拓新的市场	网络消费者未被满足的需求,被称为潜在需求。它通常不易被发现,但潜藏着巨大的商机。市场细分可以帮助企业挖掘网络消费者的潜在需求和差异需求,并根据市场的潜在购买数量、竞争状况及本企业实力的综合分析,发现新的市场机会,开拓新市场
②有利于制订和调整市场营销组合策略	网络市场细分是网络营销策略运用的前提。企业细分网络营销市场后,就可以针对各细分市场制订和实施不同的网络营销组合策略,争取较理想的市场份额
③有利于集中使用企业资源,取得最佳营销效果	企业进行市场细分后,就可以根据自身的总体战略目标,选择对自己最有利的目标市场,合理使用企业有限的资源,集中企业人力、物力和财力,以取得最理想的经济效益

活动实施

【做一做】学校什么饮料最畅销?

步骤1:5~6人为一组,思考并讨论:假设学校小卖部只能销售5种饮料,你认为销售哪5种饮料会最受学生欢迎?请根据所学的市场细分知识分析你做出的选择,并对饮料进行"畅销排名"(先分析学校学生这个目标消费者群体可按哪种标准划分细分市场,再由细分市场推导确定适合这个细分市场的饮料)。并将讨论结果按以下方式记录:

学校学生市场细分
(按_____细分)

确定下来的5种饮料:_____

步骤2:学生带着小组讨论结果走访和调查学校超市及小卖部,收集真实的市场数据,并与小组讨论结果进行比对(见表4.4),若结果不一致,请思考不一致的原因(若不一致,可采用逆推法,从已知的饮料推导其对应的细分市场,再对比小组理论分析出来的细分市场有哪些差别,进而诊断原因)。

表 4.4   饮料市场细分结论对比

小卖部饮料的细分市场	小组理论推断的细分市场

原因分析：_____

_____

_____

_____

步骤 3：小组代表进行收获分享。

每小组上讲台公布自己的调查结果，分享走访、调查过程中的体验或者意外的收获，并记录分享会上的心得。

心得记录：_____

_____

_____

_____

【搜一搜】海尔为哪些人提供商品定制服务？

步骤 1：打开 IE 浏览器，百度搜索海尔，查看百度百科，大致了解海尔的发展历史。

步骤 2：登录海尔商城，在搜索栏里输入"定制"进行搜索（见图 4.1），查看海尔主要是对哪些产品提供了定制服务。

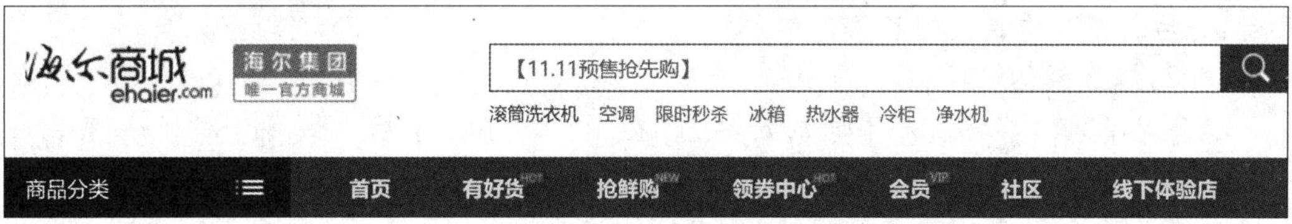

图 4.1   海尔商城首页搜索栏

步骤 3：点击菜单栏中的"定制"项以及关于海尔定制的介绍，了解海尔的定制服务及文化。

步骤 4：学生代表分享学习成果。

心得记录：_____

_____

_____

_____

活动评价

李康和营销部的工作人员对市场做了重新细分,找到了更多的营销思路。比如,他针对追求个性化的消费者推出了定制服务,针对本市不同里程不同消费金额的消费者推出送货上门服务,并推出网络销售代理业务。"皮疯子"网上商城的浏览量和销售量日益上升。

活动2　认识网络目标市场

活动背景

"皮疯子"进行有效的市场细分后,李康对网络市场的认识越来越清晰。根据细分变量细分出诸多市场,但公司没法满足所有市场的需求。因此,李康开始结合公司的特点和实力,思考并选择目标市场。

知识窗

1.网络目标市场的概念

网络目标市场也称网络目标消费群体,是指企业商品和服务的网络销售对象,是企业在市场细分后,从所有的细分市场中选定的、决定进入并开展营销活动的细分市场。网络目标市场是企业根据主客观条件从众多的细分市场中选出的一部分或者全部市场。

2.网络目标市场的选择策略

选择目标市场的5种市场策略:

(1)密集单一市场

选择一个细分市场进行密集营销,并且在这个市场专注做一种产品。我国有众多企业选择在公司创办地专业做利基市场,逐渐获得成功。如王老吉最早专注于在广东做一个区域性的凉茶品牌,后逐渐成长为一个国际知名品牌。

利基市场又称小众市场,指被市场中的领导者或有绝对优势的企业忽略的某些细分市场。新进企业可选定一个很小的产品或服务领域,集中力量进入并成为领先者,而后逐渐形成持久的竞争优势。

(2)有选择的专门化

针对不同的市场投入不同的产品,即在不同的细分市场上做不同的产品营销。如宝洁的海飞丝针对去头屑市场,服务中高端消费群体;潘婷主打乳液修复概念,适用中端消费群体;飘柔用于日常洗护,主打低端消费群体。

(3)产品专门化

只生产一种产品,针对所有具有同样需求的目标消费者。如中国厨房电器行业的卓越品牌九阳,产品涵盖了豆浆机、面条机、原汁机等多个系列300多个型号的厨房小家电,拥有十分丰富的产品组合(见图4.2)。

产品组合包括4个因素:产品系列的宽度、长度、深度和关联性。

(4)市场专门化

只针对一种消费群体提供产品和服务,只做一种市场,如某企业只向35~40岁的女性提供系列化妆品。

图 4.2　九阳豆浆机

（5）完全覆盖市场

针对所有市场，提供不同的产品和服务进行市场覆盖。如可口可乐公司在饮料市场开发众多产品，以满足各种消费群体的需求。

3.好的网络目标市场必须具备的条件

①网络营销市场有一定的购买力，能取得一定的营业额和利润。

②网络细分市场有尚未满足的需求，有一定的发展潜力。

③企业有能力满足该网络细分市场的需求，有市场取胜所需要的技术和资源。

④企业有开拓该网络细分市场的能力，有一定的竞争优势。

活动实施

【做一做】学校的格子铺适合卖什么类型的鞋子？

步骤 1:5~6 人为一组，思考并讨论:假设某中职学校现有学生 3 000 人，其中，60%的学生来自周边乡镇，并且全校女生占比为 45%。假设要在学校的格子铺开设鞋子专卖，你会如何做产品和客户选择？为什么？

你选择的产品：_____

你选择的客户：_____

为什么：_____

步骤 2:各小组整理本组意见，并记录。

记录：_____

步骤 3:小组代表分享讨论结果。

分享：_____

【议一议】打开麦考林官方网站，如图 4.3 所示。

麦考林(mecoxlane)是一家以会员营销方式为主，专注于为用户提供与健康美丽相关的产品和服务的多渠道、多品牌零售和服务企业。麦考林前身为成立于 1996 年的上海麦考林国际邮购有限公司(mecoxlane)，主要经营服装、首饰、家居用品、健康用品、宠物用品等多种

图 4.3　麦考林电子商务(上海)有限公司官网

商品,公司业务覆盖全国,是中国第一家获得政府批准的从事邮购业务的三资企业。2010 年 10 月,麦考林作为"中国 B2C 第一股"在美国纳斯达克上市,以目录邮购+线下门店+线上销售,多渠道向消费者提供物有所值的快时尚产品。2014 年 5 月加入三胞集团后,麦考林重新定位,以满足消费者对健康美丽生活的高品质需求为核心,通过严选产品、专业服务、高效沟通、良好互动体验等方式,构建消费者、分享者、经营者三位一体的生活家会员体系,致力于成为互联网时代中国领先的健康美丽产品、服务、解决方案社交营销新平台。

麦考林对其网络产品的分类做得很好,它将全部产品依据品牌与产品用途分为两大类,方便目标消费者选择,导航栏一目了然,节约挑选时间。

讨论问题:

①选择其中一种产品,结合其造型、功能介绍,说说其对应的网络目标市场。

产品:_____

对应的网络目标市场:_____

②从麦考林的简介及官网的装修风格、产品,确认其网络细分的目标市场。

网络目标市场:_____

_____

_____

活动评价

李康最后决定把产品和销售主力集中在生活品质较高、消费能力相对较强的白领阶层。这部分群体热衷网购,有自己独到的追求,有能力并愿意为产品个性和品质支付相应的购买成本。产品供需也符合公司现有的生产实力。

合作实训

实训任务:上海某快餐公司专门为各企事业单位提供职工用餐,经营范围包括团体用餐配送、盒饭配送、单位食堂承包托管等。依据营养学进行科学配餐,该快餐公司预备根据不同的客户要求,制订不同的服务方案。请帮助公司设计更多的快餐套餐并做出市场细分。部分套餐设计如下(见图 4.4)。

实训目的:通过实训帮助学生初步掌握网络市场细分的依据及方法,并培养学生团队合作精神。

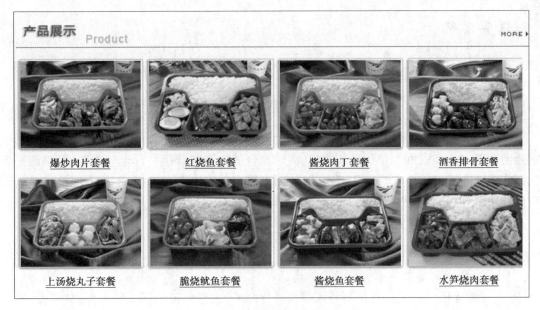

图 4.4　套餐设计

实训过程：学生通过小组（每组 5~6 人，推选一名组长，由组长根据小组情况进行任务分工）共同完成快餐公司的市场细分任务。

步骤 1：从四大变量分析客户购买的影响因素并列举出来。

步骤 2：针对客户的不同喜好总结出客户的不同需求。

步骤 3：为客户的不同需求设计不同的快餐套餐及包装盒。

步骤 4：设计产品价格。

任务 2　选择网络目标市场

情境设计

经过市场细分和目标市场的重新选择后，"皮疯子"网上商城的销售情况日益好转。李康明白，要想取得网络市场的长久发展，就要对网络市场有足够的了解，并利用一些知名度较高的网络平台为商城创造更多的发展和销售机会。于是，他开始思考如何对商城做更多的网络铺设，促进商城更好、更快发展。

任务分解

李康让文秘收集整理了一些市场热度较高的网络平台，包括平台名称、特点、主要客户群和日常浏览量等数据，希望通过比对分析，找到一些适合自己店铺推广的网络平台。

任务实施

活动1　选择网络营销平台

活动背景

光靠老客户带动"皮疯子"网上商城的销量是远远不够的,李康知道,网上商城的发展一定要借助更多的互联网力量找到新客户,而选择合适的网络营销平台十分重要,正确的平台选择能帮助商城取得事半功倍的营销效果,而不恰当的网络平台选择,不仅不能给商城带来更好的销量,而且会浪费公司的人力、物力和财力。

> **知识窗**
>
> 1.网络营销平台的分类
>
> (1)根据网络营销平台的功能分类
>
> 网络营销平台可以根据其功能结构进行分类,主要包括以下几种类型:信息发布平台、客户管理平台、交易协作平台、系统管理平台及安全保障平台等(见表4.5)。

表 4.5　常见的网络营销平台展示

常见的信息发布平台	58同城(见图4.5)、赶集网、百姓网、114、列表网等
常见的客户管理平台	阿里巴巴、客户无忧等
常见的交易协作平台	易绚·CG、猪八戒网等
常见的系统管理平台	用友、金蝶、速达、管家婆、鹏为软件等
常见的安全保障平台	51CTO网络安全频道、幽灵学院、红黑联盟安全频道、安全联盟、吾爱破解论坛等

图 4.5　"58同城"信息发布平台

图 4.6　B2G 销售平台

（2）根据网络营销平台的客户对象分类

网络营销平台根据不同的客户对象进行分类,主要包括以下几种类型:B2B 即企业对企业的采购平台,如阿里巴巴;B2C 即企业对消费者的直销平台,如天猫、当当网;B2G 即企业对政府的销售平台,如政府采购机票管理网站(见图4.6);C2C 即消费者对消费者的转让平台,如淘宝网等。

（3）根据网络营销平台的所有者分类

根据电子商务企业开展电子商务所使用的网络营销平台的归属权来分类,网络营销平台可分为:企业自建网络营销平台,如凡客诚品、麦包包、唯品会等;租用中介方的网络营销平台;购买第三方的网络营销平台中间件进行二次开发。

第三方网络营销平台是指为交易双方提供信息发布、贸易磋商服务的平台供应商。目前我国比较知名的有阿里巴巴、环球资源网等。

图 4.7 展示了 2016 年中国中小企业 B2B 运营商平台营收规模。这些 B2B 运营商包括自建网络营销平台的企业,也包括租用中介方的网络营销平台及购买第三方的网络营销平台。

2.网络营销平台的选择

在建立网上商店的前期调研工作中,选择合适的网络营销平台是成功的关键一步。选择合适的网络营销平台,应考虑以下因素:

（1）知名度高、品牌形象好、流量大

对于网上消费者来说,最关心的是网上支付的安全性。在条件相近的情况下,消费者总是偏好在知名度高的网站购物,这就是品牌效应。由于网上购物不受地理位置的限制,消费者对品牌的偏好可能会更强烈。

（2）完善的支付和配送体系

要使网上商店的业务能顺利开展，支付和配送体系是否完善是开店者选择电子商务平台的重要标准。目前在众多的商业网站推出的支付系统中，淘宝网的"支付宝"、易趣网的"安付通"和拍拍网的"财付通"都比较成功。

（3）稳定的后台技术、快速周到的顾客服务、完善的建店功能、方便的用户管理

网上开店都有个性化需求，选择电子商务平台时要考虑其功能是否完善、平台是否好用及能否满足其业务发展需要。提供技术支持是网上商店业务顺利开展的重要保证。

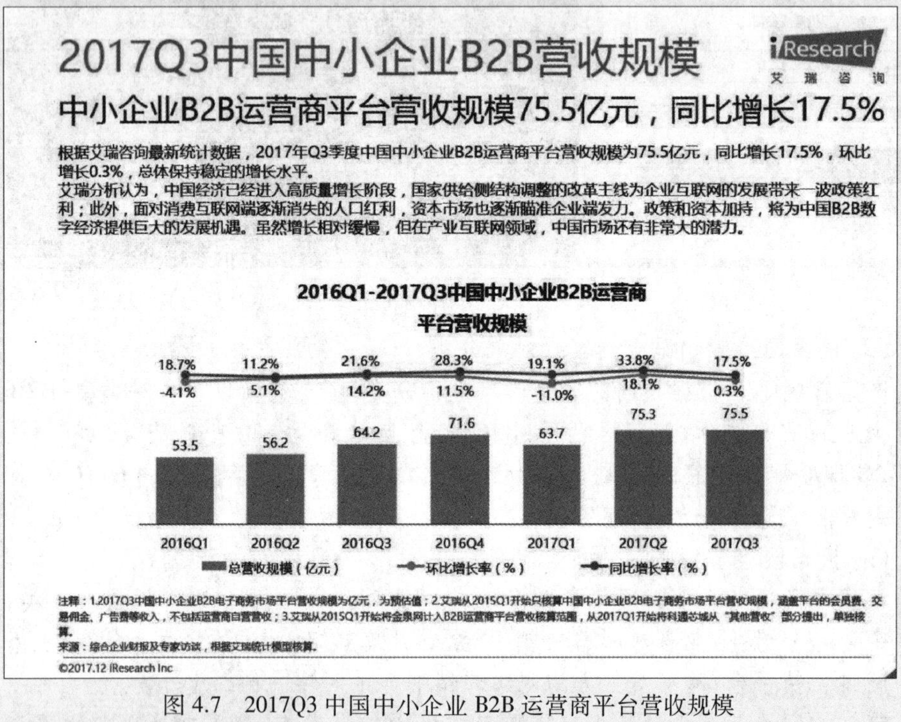

图 4.7　2017Q3 中国中小企业 B2B 运营商平台营收规模
（资料来源：艾瑞网互联网数据资讯聚合平台）

（4）网上商店的租金、费用水平

如果是首次开店，选择租金相对低廉的网站较好，因为经营效果的好坏，除了基本条件之外，还有许多其他因素。如店面布置是否有吸引力、产品或服务是否适合网上销售、网站的访客中是否有潜在顾客、在网站上是否占据显著的位置等。如果其他条件跟不上，为此支付高额租金就是浪费。因此，网站是否可以提供多种收费模式也是一个判断标准。

活动实施

选择网络营销平台时，可以对几个有意向的网站进行试用后再做决定。

【搜一搜】你选"起点中文网"还是"潇湘书院"？

步骤 1：通过搜索引擎查找"起点中文网"和"潇湘书院"，观察它们的网站风格及主流作品的差异性。

步骤 2:思考:如果你有一篇科幻武侠小说要发表,你会选择发表在"起点中文网"还是"潇湘书院"？为什么？

步骤 3:分享你选择的理由。

【填一填】在网上收集余额宝市场细分的相关资料,完成表 4.6。

表 4.6　余额宝市场细分调查

产生背景	
成立时间	
用户数	
网络目标市场选择	
产品功能	
产品优势	
通过哪些方法吸引消费者	

活动评价

李康经过一番分析和对比,选择了"深圳论坛"、阿里巴巴、百度推广等几个网络平台,这些平台有收费的,也有免费提供信息发布的。李康甚至想,要是预算允许,他预备在部分网络游戏里植入广告。因为经过上次的市场调研,他发现有很大一部分追求个性的网络客户钟爱网游。

活动 2　选择网络营销策略

活动背景

李康经过慎重思考,最终选择了"深圳论坛"、阿里巴巴、百度推广等几个网络平台作为"皮疯子"商城的营销平台。接下来,李康就要思考在不同的营销平台上运用什么样的营销策略了。

> **知识窗**
>
> 1.网络营销策略的概念
>
> 网络营销策略是企业根据自身在市场中所处的不同地位而采取的一些网络营销组合,它包括网络品牌策略、网页策略、产品策略、价格策略、促销策略、渠道策略和顾客服务策略等。

2.常见的网络营销策略

(1)网络品牌策略

网络营销的重要任务之一就是在互联网上建立并推广企业的品牌,知名企业的网下品牌可以在网上得以延伸,一般企业则可以通过互联网快速树立品牌形象,并提升企业整体形象。如成立于2012年的三只松鼠,是一家定位于纯互联网食品品牌的企业,经过短短几年的发展,已成为中国当前极具影响力的互联网食品品牌之一(见图4.8)。

图4.8　互联网著名品牌"三只松鼠"

(2)网页策略

通过网页推广,中小企业能节省大笔广告费用,而且搜索引擎大量的使用会增加搜索率,对中小企业来说比传统广告效果要好。

(3)产品策略

在网络营销中,产品的整体概念可分为5个层次,相应地有不同的策略,如图4.9所示。

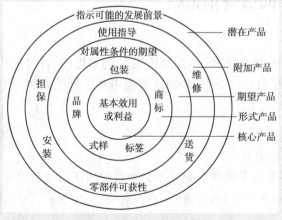

图4.9　产品的整体概念

①核心利益或服务层次。企业在设计和开发产品核心利益时要从顾客的角度出发,要根据上次营销效果来制订本次产品设计和开发的策略。企业在提供产品的核心利益和服务时,要注意全球性市场的服务,如医疗服务可以借助网络实现网络远程医疗。

②有形产品层次。对有形产品来说,必须保障品质,注重产品的品牌和包装。在式样和特征方面要根据不同地区的文化差异进行针对性设计和加工。

③期望产品层次。顾客在网络营销中处主导地位,消费呈现出个性化的特征,不同的消费者可能对产品的要求不一样。因此,产品的设计和开发必须满足顾客的个性化需求。

④延伸产品层次。在网络营销中,对有形产品来说,延伸产品层次要注意提供满意的售后服务、送货及质量保证等。

⑤潜在产品层次。在延伸产品层之外,由企业提供能满足顾客潜在需求的产品。

（4）价格策略

①定制定价策略。定制定价策略的核心是产品会依据消费者的需求进行针对性的定价。要实行定制定价策略,需要进行资料的搜集,建立数据库,将每一个客户都当成一个独立的市场。定制定价策略常适用于服务类,如品牌传播服务、网站优化推广、网站关键字推广等,需要根据客户的需求进行详细的分析,确定其难度,从而制定出一个合理的价格。

②低价定价策略。低价定价策略可以说是一种耳熟能详的定价策略,它的核心是薄利多销和抢占市场。薄利多销的前提是产品的需求量大,生产效率高,如日常的生活用品纸巾、洗发水等;而抢占市场适用于新产品的发布,为了提高市场的知名度和树立消费者的认知,新产品的低价定价策略是一个不错的选择。一般情况下,低价定价策略会结合尾数定价法一起使用。

③高价定价策略。高价定价策略正好与低价定价策略相反,它的目的是给产品树立高端形象,快速建立品牌价值。比如奢侈品品牌、名牌产品里的高端系列等。一般情况下,高价定价策略会结合整数定价法一起使用。

④拍卖定价策略。拍卖定价策略是一种非常有弹性的定价方法。通常物品的起始价格非常低,但是经过消费者的一番争夺后,其价格可以无限制的上涨,甚至其竞拍的价格会高于货品一般的价格。一些数量稀少难以确定价格的货品都可设置拍卖定价策略。拍卖定价策略的前提是该物品稀少、市场需求大,如古董、限量版商品等。

⑤捆绑定价策略。捆绑定价策略是现代最为普遍的一种定价策略。捆绑定价策略多运用于配套的产品或服务,也可运用于类似的产品销售,但是捆绑定价策略切记不可令消费者产生负面印象。

⑥品牌定价策略。现代消费者具有一定的品牌针对性,因此,定价除考虑产品成本和质量外,还需要考虑产品的品牌性。当消费者认准了一个品牌后,未来的消费都会倾向于该品牌。品牌的知名度需要建立在不断的推广、维护上。如知名品牌为显示其品牌价值,价格通常会定得比较高。

⑦尾数定价策略。尾数定价,又称零头定价,是利用消费者在数字认识上的某种心理制定尾数价格,使消费者产生商品价格低廉、商家定价认真以及售价接近成本等信任感。尾数一般会使用吉祥数字来增加喜庆感(见图4.10)。

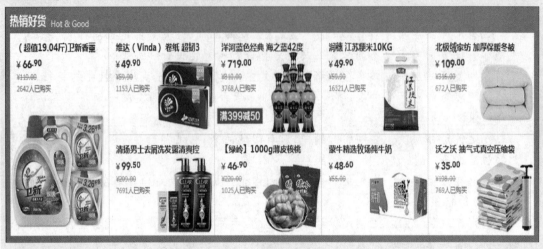

图4.10　尾数定价法

⑧差别定价策略。差别定价是一种以"顾客支付意愿"为依据制定价格的定价法,其目的在于建立基本需求、缓和需求的波动和刺激消费。当一种产品对不同的消费者,或在不同的市场上的定价与它的成本不成比例时,就产生差别定价。

⑨统一定价策略。与差别定价对立的一种定价方法便是统一定价法,这种定价方法是有意忽略产品的成本差别,如物流成本等,全国或多地区采用一个价格统一销售。如统一集团销售的饮料就是采用统一定价法。

(5)促销策略

网络促销是利用互联网进行的促销活动,也就是利用现代化的网络技术向虚拟市场传递有关服务信息,以引发需求,引起消费者购买欲望和购买行为的各种活动。网络促销形式有4种,分别是网络广告、站点推广、销售促进和关系营销(见表4.7)。

表4.7　网络促销的4种形式

1	网络广告	主要是借助网上知名站点(ISP或ICP)、免费电子邮件和一些免费公开的交互站点(如新闻组、公告栏)发布企业的产品信息,对企业和产品进行宣传推广
2	站点推广	利用网络营销策略扩大站点的知名度,吸引上网者访问网站,起到宣传和推广企业及企业产品的效果
3	销售促进	利用可以直接销售的网络营销站点,采用一些销售手段如价格折扣、有奖销售、拍卖销售等来宣传和推广产品
4	关系营销	借助互联网的交互功能吸引用户与企业保持密切关系,培养顾客忠诚度,提高企业收益率

网络营销策略有很多种,在实际运用中要结合市场和产品特点,灵活组合使用。

活动实施

【想一想】学校自主招生的网络宣传策略。

假设你们学校正在进行自主招生的前期网络宣传,你负责策划此次宣传活动,为了实现更好的宣传效果,你会选择哪些网络平台以及运用哪些营销策略进行宣传?

步骤1:登录学校官网,了解学校历史文化和人文环境等。

步骤2:进入学校贴吧,查看学生留言及跟帖,归纳学生关注点。

步骤3:选择网络平台,并观察该网络平台特点,运用相关营销策略进行招生宣传。

步骤4:分享你选择的理由及对营销策略的思考。

【做一做】以下图片是2018年2月1—4日京东超市年货节之京东食品饮料专题活动的福气满满礼盒活动海报(见图4.11和图4.12)。以小组为单位(4~6人)为一组,讨论相关问题。

图4.11　福气满满活动礼盒海报

问题1:京东此次活动选的哪个时间段? 这个时间段对本次营销起什么作用?

问题2:福气满满礼盒有哪些产品? 这样的产品组合设置合理吗?

问题3:福气满满礼盒有哪些品牌的参与?

问题4:福气满满礼盒活动运用了本节课价格策略中的哪些策略?

福气满满(食品)礼盒净含量规格

金龙鱼乳玉皇妃稻香贡米1kg × 1,良品铺子肉松饼380g × 1,北京稻香村鸡蛋槽子糕312g × 1,三只松鼠元气水果坚果燕麦片245g × 1,胡姬花古法小榨花生油158ml × 2,良品铺子紫薯花生120g × 1

图 4.12　福气满满礼盒规格

活动评价

"深圳论坛"是深圳地区最具影响力的综合性门户社区,聚集了数百万的用户和数千万的热帖,也是深圳人了解深圳的一扇窗户。很多深圳白领经常出入这个论坛,看新闻、看热帖、交流生活和购物体验等。李康尝试着在论坛的"职场""摄影"和"购物"频道发布了几篇营销软文,没想到跟帖咨询的人非常多,发布软文第二天,就有几个顾客到商城下单订购了商品! 这让李康十分欣喜。同时,李康在阿里巴巴注册了企业账号,招募代理商和批发业务,在百度推广上也紧锣密鼓地进行商城品牌宣传。一切都在朝着预期目标发展。

合作实训

实训任务:"农梦成真"是一群年轻人创建的团队,他们致力于通过自身力量帮助中国广大农民找到农产品销路,提高农民的生产热情及农村生活质量。他们的期望是"让青春守护乡村,让农民梦想成真",并通过不定期进行支教、募捐等公益活动,让贫困地区感受到正能量。"农梦成真"现在要做一些网络平台推广,请你给出一些平台方案,并分析选择原因。

实训目的:通过实训帮助学生了解各大网络营销平台,并进行平台优势总结;为"农梦成真"的推广找到合适的网络营销平台。同时培养学生友爱、团结及奉献精神。

实训过程:学生通过小组(每组 5~6 人,推选一名组长,由组长根据小组情况进行任务分工)共同完成"农梦成真"的网络平台选择任务。

步骤 1:了解"农梦成真"背景及愿景。

步骤2:针对"农梦成真"的不同客户群寻找不同的网络营销平台。

步骤3:分析各大网络营销平台的特点及优势。

步骤4:选择合适的网络营销平台。

项目总结

STP营销理论包括三要素:市场细分(market segmentation)、目标市场(market targeting)和市场定位(market positioning)。本项目着重讲解了市场细分和目标市场选择。

网络消费者需求的差异性是网络市场细分的客观基础。网络市场细分有利于企业发掘和开拓新的市场;有利于企业制订和调整市场营销组合策略;有利于企业取得最佳营销效果。

网络目标市场也称网络目标消费群体,是指企业商品和服务的网络销售对象,是企业在市场细分后,从所有的细分市场中选定的、决定进入并开展营销活动的细分市场。影响网络目标市场选择的因素从大体上分为两种:宏观因素和微观因素。

网络营销平台的分类有很多种。选择网络营销平台时应考虑以下因素:①知名度高,品牌形象好,流量大;②完善的支付和配送体系;③稳定的后台技术、快速周到的顾客服务、完善的建店功能、方便的用户管理;④网上商店的租金、费用水平等。

网络营销策略是企业根据自身所在市场中所处地位不同而采取的一些网络营销组合,它包括网络品牌策略、网页策略、产品策略、价格策略、促销策略、渠道策略和顾客服务策略等。

项目检测

1.单项选择题

(1)市场细分的依据是(　　)。

A.市场之间的差异性　　　　　　　　B.产品之间的差异性

C.顾客需求之间的差异性　　　　　　D.营销方式之间的差异性

(2)对不同市场和用户采用不同的定价策略是(　　)。

A.零价位策略　　　　　　　　　　　B.差别定价策略

C.竞价策略　　　　　　　　　　　　D.统一定价策略

(3)在网站内容的合理定位中,首要任务是(　　)。

A.为顾客提供服务　　　　　　　　　B.取得更大利润

C.以产品为中心设计网页　　　　　　D.提高服务质量

(4)一个销售网站的设计,应当要(　　)。

A.重视内容,形式是次要的　　　　　B.形式是主要的,内容是次要的

C.靠精美的页面吸引顾客　　　　　　D.兼顾内容和形式

(5)向顾客提供的产品的基本效用或利益,称为产品的(　　)。

A.核心产品　　　　　　　　　　　　B.有形产品

C.期望产品　　　　　　　　　　　　D.延伸产品

2.多项选择题

(1)网络市场细分的方法包括(　　　)。

A.完全细分 　　　　　　　　　B.按一个影响需求的因素细分

C.按两个以上影响需求的因素细分 　D.有选择的专门化

(2)常见的网络营销类型有(　　　)。

A.B2B 　　　　　　　　　　　B.B2C

C.B2G 　　　　　　　　　　　D.C2C

(3)以下属于价格策略的有(　　　)。

A.定制定价策略 　　　　　　　B.低价定价策略

C.高价定价策略 　　　　　　　D.随意定价策略

(4)网络促销的形式有(　　　)。

A.网络广告 　　　　　　　　　B.站点推广

C.销售促进 　　　　　　　　　D.关系营销

(5)属于企业自建网络营销平台的有(　　　)。

A.凡客诚品 　　　　　　　　　B.麦包包

C.阿里巴巴 　　　　　　　　　D.唯品会

3.简述题

(1)简述网络市场细分的4大变量。

(2)选择目标市场常见的5种市场策略是什么?

项目 5　网络营销硬性推广

项目综述

云(孕)Baby 教育科技有限公司是一家专业服务于母婴健康教育产业的互联网公司,陈伟在公司里面担任网络营销部门的主管,负责整个云(孕)Baby 母婴与怀孕育儿网上商城的网络营销推广。

为解决网上商城宣传推广效果不好、网站访问量少的问题,陈伟制订了一系列的网络营销推广计划,包括网络广告推广、搜索引擎推广和邮件营销等,并及时总结出哪些网上营销推广能带来实际经济效益,不断改进网络营销推广方式,积累数据,为以后的业务开展积累经验。

项目目标

通过本项目的学习,应达到的具体目标如下:

知识目标

➢ 掌握网络广告的概念

➢ 了解搜索引擎和 SEO

➢ 掌握推广方案的格式和写作方法

技能目标

➢ 能制订出简单的网络广告设计方案

➢ 能对网络广告进行简单的投放策略分析

➢ 能撰写规范的推广方案

➢ 能对网站结构与页面进行优化

➢ 学会精准选取竞价关键词并提高其质量度

➢ 学会竞价关键词的创意写法

情感目标

➢ 具有网络品牌意识

➢ 培养良好的逻辑思维能力及写作习惯

➢ 养成细致严谨的工作态度

➢ 培养创意营销意识

项目任务

任务 1　网络广告推广

任务 2　策划邮件营销

任务 3　搜索引擎推广

任务 1　网络广告推广

情境设计

目前云(孕)Baby 母婴与怀孕育儿网上商城遇到的最大问题是知名度较低,许多用户不知道它的存在,所以陈伟决定首先在网络平台上进行广告投放,通过网络把它传递给广大的妈妈及其家庭。

于是如何制作和投放广告进行网络推广成为陈伟当下最迫切的需求。

任务分解

陈伟拟通过本任务落实网络广告推广,为此他制订了一个网络广告营销方案,并把部分任务分配给美工助手李华去完成。

任务实施

活动 1　打造"吸粉"的网络广告

活动背景

以前的经验告诉陈伟,一个会与人热情沟通的网络广告能给网站带来很多的流量,相反一个劣质的广告不仅无人点击,而且会让人对你的网站产生厌恶感。

知识窗

20 世纪 90 年代,随着人们进入互联网时代,数字媒体成为继语言、文字和电子技术之后新的信息传播载体。数字媒体的发展极大地改变了人们的生活,同时也对传统的广告产生深远的影响。

1994 年 10 月 27 日是世界网络广告史上的里程碑。这一天,美国著名的 Hotwired(在线)杂志推出了网络版的 Hotwired 杂志,并首次在网站上推出网络广告,它是一个旗帜广告,即 banner 广告条。AT&T 公司的广告语是"Have you ever clicked your mouse right HERE? YOU WILL"(见图 5.1)。这一事件标志着网络广告从此诞生。

图 5.1 世界第一个网络广告

我国也于 1997 年出现了第一个商业性网络广告。随后,网络广告陆续在各类网络媒体中出现并逐步发展起来,它被广泛应用于企业产品宣传、品牌推广等领域中。

1.网络广告的定义

网络广告是指在互联网刊登或发布广告,通过网络传递到互联网用户的一种高科技广告运作方式,包括广告横幅、文本链接等多媒体方式。

2.网络广告的形式(见图 5.2)

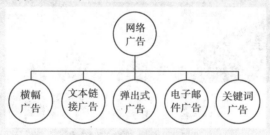

图 5.2 网络广告的形式

(1)横幅广告

横幅广告是最早也是最常见的网络广告形式,它是以 GIF、JPG、Flash 等格式建立的图像文件,放置在网页中用来展现广告内容。常见的横幅广告尺寸为:468×60 像素。

(2)文本链接广告

文本链接广告,顾名思义就是以文字的链接作为广告,当浏览者点击就可以进入到相应的广告页面,是一种对浏览者干扰最少却最有效果的网络广告形式。

(3)弹出式广告

弹出式广告是指当浏览者浏览某网页时,网页自动弹出的广告窗口。

(4)电子邮件广告

电子邮件广告就是通过互联网把广告发送到用户的电子邮箱中。

（5）关键词广告

通过在搜索引擎上注册,企业信息(网站链接)能够出现在用户的搜索结果页面中。

3.网络广告的制作理念

制作好的广告除了需要必要的设计技巧和技术之外,还需要一定的营销理念知识,必须建立在对产品本身的特点、目标市场、消费群体需求与兴趣等因素的调查与研究的基础上,才能获得成功。

在这里以最常见的横幅广告为例,分析一下网络广告制作中要特别注意把握的几个要点。

（1）主题突出

根据数据统计,人们在一个网络广告版面上所花的注意力不会超过5秒,所以要将横幅广告主题置于视觉中心点,并将文字的字体、颜色重点突出(见图5.3—图5.5)。

图5.3　夏日新品首发广告

图5.4　今日秒杀6折广告

图 5.5　限时全场包邮广告

（2）风格统一

网络广告风格是指网络广告（包括广告的布局、色彩和字体等）给浏览者的综合感受。每一个横幅广告都会给人留下不同感受，所以在设计广告的时候要根据商品的定位制作出适合该商品特有的风格，并且要让横幅广告所包含的图像、文字、颜色等统一风格，这样浏览者看起来舒服、顺畅，你的网店会留给他一个很专业的印象（见图 5.6）。

图 5.6　"青春の狂想"广告

（3）构图方式

广告设计者的工作压力很大，除了要经常熬夜加班，还要在规定的时间内（一般 3~5 时/张），设计出效果良好的广告。当面对一个商品素材时，如何快速设计出更加实用的横幅广告，就成了很多广告设计者的难题。这里就跟大家分享如何快速高效地设计出一条横幅广告。

①构图方法一:图片文案两边分(见图5.7)。

图 5.7　图片文案两边分

②构图方法二:3-7开(见图5.8)。

图 5.8　3-7 开

③构图方法三:左-右-左(见图5.9)。

图 5.9　左-右-左

④构图方法四:斜切式(见图 5.10)。

图 5.10　斜切式

通过前面学习的海报广告,可以得出一个神奇的做图公式:横幅广告＝文案＋背景＋排版,突出主题效果可以从这三个方面入手设计。注意三个要素在突出主题的同时,要做到协调,让消费者看起来舒服。

4.网络广告的投放

网络广告投放是指广告主通过网络媒体形式,将已经制作好的广告信息传递给广告对象的活动。常见的投放渠道和方式有以下几种,如图 5.11 所示。

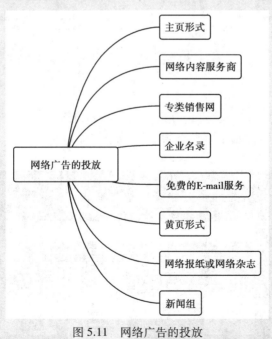

图 5.11　网络广告的投放

活动实施

【做一做】学习优秀的广告案例,尝试利用网络广告进行推广。

(1)观察2018年2月初的京东超市年货节活动海报(见图5.12),回答问题。

图5.12　京东超市年货节活动海报

问题1:这幅年货节海报给人的第一感觉是什么?

问题2:海报的主题是什么? 有哪些促销活动。

问题3:学习了网络广告的制作原理,以小组为单位(4~6人为一组)讨论,海报上采用了哪些元素和颜色搭配来向消费者成功地传达出活动主题的。

问题4:各小组讨论海报上的设计有哪些地方值得借鉴,并分享小组挖掘出的海报设计亮点。

海报设计亮点记录:

(2)利用网络免费广告工具,宣传介绍自己所在的班级。

步骤1:登录易企秀官网,了解易企秀功能,如图5.13所示。

图5.13　易企秀官网

步骤 2：注册易企秀账号，如图 5.14 所示。

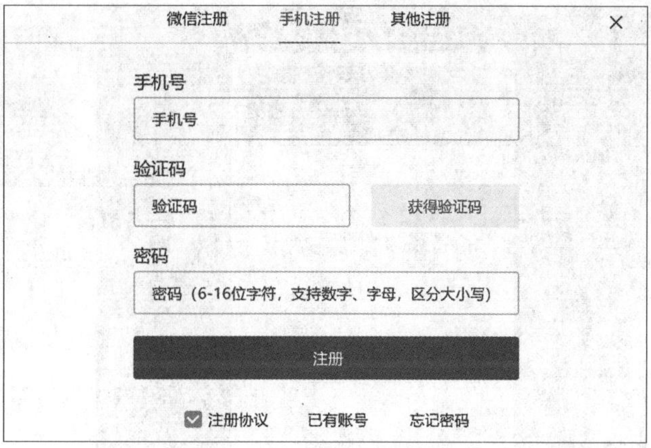

步骤 3：各小组商讨确定介绍班级的主题。

步骤 4：以小组为单位收集班级活动照片、平时生活学习点滴事件，并整理保存。

步骤 5：点击"免费模板"菜单，选择切合主题的宣传模板，如图 5.15 所示，编辑班级介绍。

步骤 6：编辑完成后，点击"发布"菜单进行发布（见图 5.16）。

图 5.14　易企秀注册

图 5.15　宣传模板

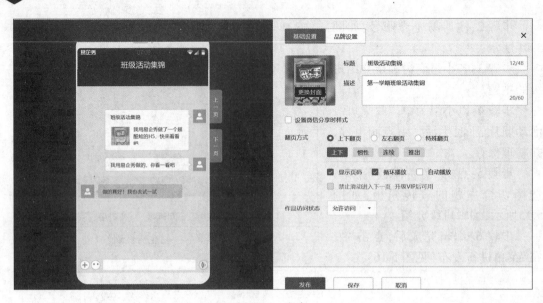

图 5.16　发布

步骤 7：扫描二维码，分享至各社交平台进行宣传（见图 5.17）。

图 5.17　分享与宣传

【想一想】关于背景请大家思考：选择什么样的背景更能衬托产品。

活动评价

陈伟和助手李华最终克服了遇到的种种困难，完成了公司网上商城的网络广告推广任务。在任务实施的过程中，陈伟和李华都对网络广告的制作和投放有了进一步的了解，并积累了一些网络推广的经验，为接下来公司进行网络营销推广奠定了坚实的基础。

活动 2　定向广告

活动背景

经过一段时间的广告投放,经验告诉陈伟,一个会与人热情沟通的网络广告不一定能成功吸引流量。广告的投放还需要在合适的时间投给合适的人群看。

知识窗

1.定向广告的含义

定向广告是指网络服务商利用网络追踪技术(如 Cookies)收集整理用户信息,按年龄、性别、职业、爱好、收入、地域分类储存用户的 IP 地址。然后利用网络广告配送技术,向不同类别的用户发送内容不同的广告。定向广告的类别如图 5.18 所示。

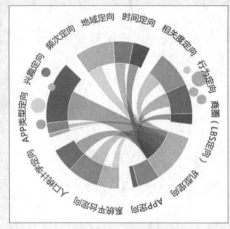

图 5.18　定向广告的类别

2.行为定向广告

行为定向广告是网络广告发展的最新趋势,广告发布商利用技术手段可以得到用户当前浏览的页面信息主题,根据用户连续的浏览行为来分析用户本身的信息,然后通过后台的内容匹配设定将广告展示在页面上,这种定向在某些条件下更贴合用户的兴趣,符合精准营销的思想。行为定向广告充分利用和发挥 Internet 的强大追踪能力和营销潜力,对技术的要求较高,需要广告服务商具有强大的数据分析和数据挖掘能力。

行为定向广告不是关注网站而是关注人,通过系统判断并锁定用户属性,比如用户性别、年龄段、收入阶层、行业、所在区域、用户喜好、广告倾向等,能够根据用户行为数据向用户展示网络广告。无论这个用户访问哪一个网站,都可以让他/她看到同样一则广告,这种有针对性的二次、三次甚至多次曝光,大大提高广告对目标人群的影响效果。

行为定向,如图 5.19 所示。

3.定向营销

所谓"定向营销"就是锁定某一个层次的消费群体,或者锁定某一个职业与行业

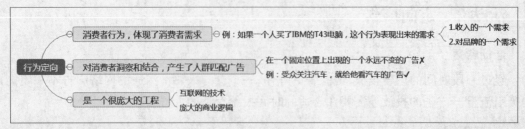

图 5.19   行为定向

的群体,对群体的消费理念、消费行为、消费习惯以及对品牌的要求,如包装色调、功能效果、特点与个性等方面的要求,根据消费者的消费心理为目标顾客量身定做活动方案,成功的系数就会提高。

活动实施

为了维护消费者权益,每年广告的相关法规都会有一定的更新(见图 5.20)。请上网了解新广告法禁用词,记录下来,并同大家分享。

图 5.20   严管网络广告

【案例分析】阅读以下这则电影网络广告推广案例,讨论以下问题:

《新木乃伊》电影宣发策略详解。

项目背景:在经历了数年爆发式增长后,国内票房进入了平缓期。2017 年一季度,全国票房为 135.27 亿元,较去年同期下滑 6.6%,这是五年来季度票房首次负增长。

在扑朔迷离的市场环境中,环球影业重磅推出《新木乃伊》影片,该作品不仅重塑了1999 年《木乃伊》这一 IP,也为环球影业未来的重头戏——"黑暗宇宙"系列电影拉开了帷幕,可谓意义重大。

《新木乃伊》网络宣发案例如图 5.21 至图 5.31 所示。

图 5.21　《新木乃伊》

图 5.22　宣发目录

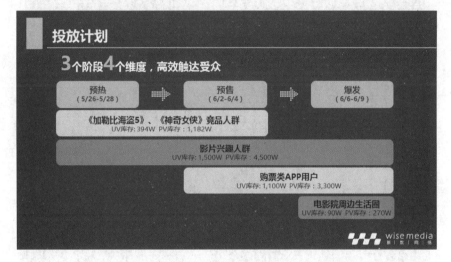

图 5.23　投放计划

图 5.24　投放策略 1

图 5.25　投放策略 2

图 5.26　投放策略 3

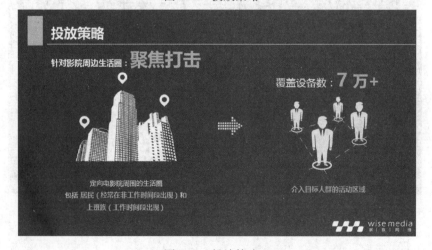

图 5.27　投放策略 4

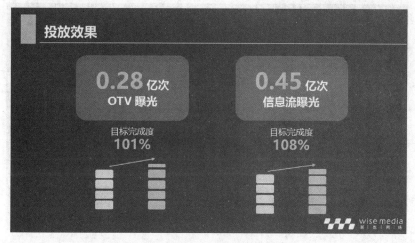

图 5.28　投放效果 1

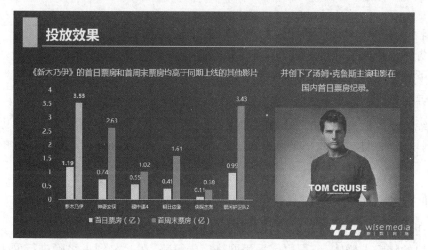

图 5.29　投放效果 2

图 5.30　投放截图 1

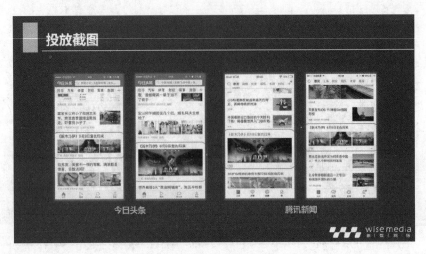

图 5.31 投放截图 2

讨论：

①《新木乃伊》电影投放的广告受众有哪些定向人群？

②广告在哪些渠道进行了投放？

③为下一年度即将上映的电影《捉妖记 2》草拟一则定向广告计划。

活动评价

陈伟经过投放广告经验的累积和定向广告的学习，对广告的有效投放有了更深一层的了解，学到了一项新技能，更好地为团队的店铺精准引流，节约推广成本，为后续的网络营销添砖加瓦。

合作实训

实训任务：中正茶里公司准备向市场投放一种新型的时尚茶包（见图 5.32），目标市场是生活节奏快的年轻人群体，公司决定采用网络广告策略，在七夕到来之际进行网上促销。根据所给线索，设计一则中正茶里茶叶七夕网络广告为产品进行网络广告推广。

图 5.32 时尚茶包

实训目的：通过实训帮助学生初步掌握网络广告策划的基本程序、技能要求以及培养学生的团队合作精神。

实训过程:学生通过小组(每组5~6人,推选一名组长,由组长根据小组情况进行任务分工)共同完成中正茶里茶叶七夕网络广告设计。

步骤1:针对中正茶里公司所经营的时尚茶包系列产品,分析研究"客户是谁",找准目标市场。

步骤2:分析客户购买心理及其影响因素并列举出来。

步骤3:为产品设计有针对性的网络广告标题,并以文字形式叙述清楚。

步骤4:撰写简洁的广告信息,突出产品特点。

步骤5:广告中涵盖广告设计的基本要素,并充分利用图片、动画等多媒体形式来体现产品的特点。

步骤6:修改广告。根据测试结果对网络广告进行修改、补充和完善。

步骤7:广告发布。反复审核修改后的网络广告,确定无任何问题之后可以发布,否则需再次修改。

任务 2　策划邮件营销

情境设计

云(孕)Baby 母婴与怀孕育儿网上商城想进一步提高知名度来增加销售额,公司销售主管陈伟决定采用邮件营销,通过快捷、低投入的电子邮件推送给广大的妈妈及其家庭。如何进行邮件营销成为陈伟当下最迫切的需求。

任务分解

陈伟拟通过本任务落实电子邮件推广,为此他制订了一个电子邮件营销方案,并把部分任务分配给助手李华去完成。

任务实施

活动 1　E-mail 营销

活动背景

陈伟通过对比各种营销方式,发现电子邮件营销是最快捷且成本低的营销推广方式之一。想要提高用户黏性、活跃度及促成下单则需要对邮件的推送进行一番策划。

知识窗

电子邮件是一个基于计算机网络的应用软件系统,常用于企业内部、内部与外部(互联网)、互联网用户之间的信息交流和发布(见图5.33)。

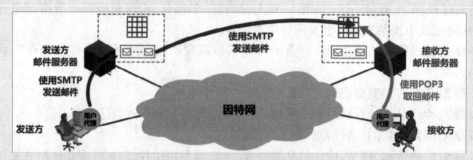

图 5.33　电子邮件系统

电子邮件营销起源于 1994 年，一对从事移民业务的夫妇坎特和西格尔，把一封"绿卡抽奖"的广告邮件发到他们可以发现的 6 500 个新闻组，在当时引起疯狂的下载与转发。他们的"邮件炸弹"使很多服务商的服务处于瘫痪状态。后来这两位律师在 1996 年还合作编写了《网络赚钱术》，书中介绍了他们的这次辉煌经历：通过互联网发布广告信息，只花了不到 20 美元的上网通信费用就吸引来了 25 000 个潜在客户，其中有 1 000 人转化为新客户，他们从中赚到了 10 万美元。他们认为，通过互联网进行邮件营销是前所未有的几乎无须任何成本的营销方式。然而现在看来，这种以未经用户允许而滥发邮件的行为并不能算是真正的邮件营销。

1.邮件营销的定义

邮件营销(E-mail Marketing)是指商家通过电子邮件向指定用户的邮箱群发有价值信息的一种网络营销手段，也称许可 E-mail 营销或邮件列表营销。

电子邮件营销的基本要素：用户许可、电子邮件方式传递、内容有价值。其中用户许可要素最重要，没有这个前提要素的支持，推送出去的邮件可能变为垃圾邮件。

2.用户邮箱地址资源

邮件营销过程中，是给众多的用户邮箱发送营销电子邮件，用户邮箱地址资源显得很重要，它有内部列表和外部列表方式。内部列表指的是商家使用自己拥有的用户邮箱地址资源来进行邮件营销活动，外部列表指的是商家使用第三方服务商拥有的用户邮箱地址资源来进行邮件营销活动，这种方式需要向第三方服务商支付费用，这些服务商一般都是邮件营销商，都提供营销邮件制作、用户列表、群发、跟踪分析、效果评价等一条龙服务。

3.营销工具的选择

邮件营销的工具是指一款以邮件群发功能为基础，甚至还有效果统计、分析(见图5.34、图5.35)等更强大功能的应用软件。内部列表营销，需要自己使用营销工具把邮件群发给大量的用户邮箱，邮件群发是一项比较费时的工作，需要选择一款合适的营销工具软件。

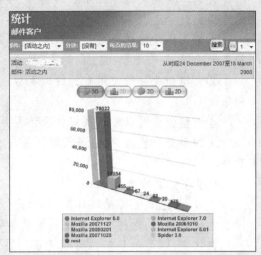

图 5.34　营销工具的统计(一)　　　　　图 5.35　营销工具的统计(二)

如果邮件发送规模较小,可以采用一般的邮件发送方式或邮件群发软件,如果发送规模较大,就应该借助专业的邮件营销平台软件来发送。

(1)邮件营销平台软件

专业化的邮件营销平台,不但有邮件管理和群发功能,还有各种风格邮件模板、用户列表细化分类、各种统计、效果分析等专业化功能,大大提升了营销效率和效果,如 Sendcloud、Emailcar、Focussend、Mailpanda、九枝兰、Webpower、DATAstore、U-MAIL 等都是专业的邮件营销软件。

(2)邮件群发软件

具有邮件管理和群发功能的软件,比如免费的 outlook、foxmail 等,可以安装在电脑上,配置连接邮件服务器信息(邮箱账号、密码、邮件服务器收发邮件的协议),即可进行邮件管理及收发操作(见图 5.36、图 5.37);网上注册的个人邮箱也一样提供这些基本功能,每次收发邮件需先用账号和密码来登录自己的邮箱。

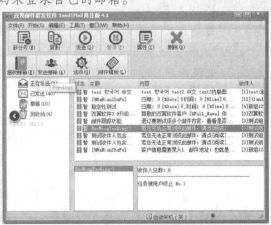

图 5.36　邮件群发示意图　　　　　　图 5.37　营销工具的邮件管理界面

营销工具和发送邮件账号的选择,需根据营销目标、成本、自身情况和下列建议来选择。

①瞬间连续发送超过5 000封,会造成发送队列堵塞,从而产生退信和进垃圾信箱等情况。

②大型企业一般使用自己的顾客数据库和购买的专用邮件群发系统(或邮件营销系统)。

③小型企业可以考虑找邮件营销服务提供商。

④如果资金投入少,且每天发送量较小(大约500封),可以使用免费的邮件群发软件。

4.邮件营销的理念

节日、纪念日等都是邮件营销的好时机,营销者在抓好各种节日机遇的同时,也要注意技巧运用,这样才可能使得营销达到预期的效果。

在这里,以母亲节邮件营销为例,给大家分享如何开展更有效的节日邮件营销(见图5.38)。

图5.38 母亲节邮件营销内容版面

(1)切入点

"每逢佳节倍思亲",真实、感性、从众的一般性节日消费心理特点,为母亲节带来良好的商机。很多子女都会在节前为自己的母亲挑选鲜花、巧克力、纪念物等节日礼品,对于这些商家来说,"母亲"这一伟大的理由,可以成为邮件营销的良机。

(2)明确目的

母亲节邮件营销要达到怎样的目的?比如新品推广、优惠促销、增加销售量、树立品牌形象等,在开展节日邮件营销前,首先要明确营销目标。

(3)使产品具有节日的特点

有调查显示,在母亲节发送的邮件中,约占1/3的来自以母亲为中心的品牌邮件,产生了接近一半的成交量。这说明了解你的品牌可以为母亲提供什么,以及给你的产品赋予母亲节的特点非常重要。例如鲜花、巧克力、美容等产品都是母亲节的热销商品,如果没有这些产品,也可以想办法把你的产品赋予一些母亲节的特点,然后用邮件进行宣传推广。

（4）营销创新

一些营销员一想到邮件营销，就想到打折、满就送（返）、包运费、积分、抽奖、会员特惠的促销方法。尽管在促销方式上大同小异，但邮件促销创新还有较大的创意空间。例如口碑促销（邀请有礼）、通告式促销（iphone7上市）、反促销方式促销（高价促销、坚决不打折）、悬念式促销（不标价、猜价格）、稀缺性促销（绝版促销）等都还有发挥空间。

（5）主题突出

节日促销邮件主题除了要求与节日的大背景相符以外，母亲节邮件促销主题还要有吸引力，一下引起用户兴趣或给用户耳目一新的感觉。抓住了用户的心，那么你就获得了与用户进一步沟通的机会。例如，在主题行中包含折扣优惠信息也是一个增加成交率的好办法。

（6）时机选择

据 Experian 机构调查，节日前约两周发送的邮件的交易量大约占所有交易量的80%。事实上，在4月和5月初发送的母亲节邮件中，在邮件主题行中加入营造紧迫气氛的言语，如加入"最后1天"等，可以带来2倍的成交率，而在母亲节前一周发送营销邮件，可能没有多大效果。

（7）营销对象个性化

一些商家已经对老公、儿子、女儿的不同目标消费用户群体分类，在母亲节邮件的主题和内容中，加入亲近的个性化信息，可以获得了更多的点击率（见图5.39）。但也不要忽视"母亲"本身这个群体，在邮件主题和内容中，更多地倡导"珍视自己"，把"母亲"也纳入你的目标消费群体，效果可能会更好。例如，wSwayChic 是一家女性服装零售商，基于客户邮件打开数、购买历史和转化时间等细分它的客户，提供细分的客户邮件。运动品牌李宁通过性别、年龄范围和产品点击发送针对性的产品邮件。Doggyloot 则针对订阅用户的狗的尺寸发送量身定制的邮件。

图 5.39   特步个性化邮件营销

（8）总结

每一次的邮件营销后，可以根据效果分析报告，对商品、用户再次细化，做更有针对性的营销推送。不要幻想邮件营销的效果会立竿见影，也不要太高估邮件营销的转化率，这需要一个持之以恒的过程和经验积累。

活动实施

【想一想】阅读案例,思考如何设计邮件内容才能提高推广效果。

案例分析一:

Awesome Merchandise 是英国的一家印刷公司。图片(见图 5.40)展示了这家公司的员工是如何印刷和制作 T 恤。然而这只是这家公司发送给客户的一封邮件截图。更精彩的是这封邮件附带了印刷、包装 T 恤的过程视频。他们通过邮件形式让客户看到和了解企业的幕后和工作,从而拉近了企业跟客户彼此之间的距离。他们通过这次邮件营销,短短 3 分钟的视频就收到了超过 23 000 次的观看。

图 5.40   Awesome Merchandise

针对以下问题,以小组为单位(4~6 人为一组)进行讨论分析:

问题 1:Awesome Merchandise 公司此次的邮件营销目的是什么?

问题 2:向客户展示 T 恤印制过程,他们为何不以图片的形式而要以视频替代呢?

问题 3:这次邮件营销的结果很成功,是什么原因影响的?

案例分析二:欢迎回家

旅游预订网站 Priceline(见图 5.41)擅长于研究客户网站行为,制订个性化邮件营销方案。如当客户在 Priceline 网站上下单,预订一款旅游套餐,系统后台会追踪记录日程。当客户旅游度假结束时,他们会贴心地发送一封欢迎回家的邮件,邮件里还会附上一个限时折扣信息,供客户下次出游使用。

除了对这些成功下单的客户发送邮件促进二次消费,对于购物车抛弃用户则会发送购

图 5.41　旅游预订网站 Priceline

物车挽回邮件,提升转化率;对于只是浏览了网页上的旅游套餐却没有购买就离开的客户,则会发送一封折扣信息邮件,介绍一些和客户选择的目的地相关的信息,以此进一步提升转化率。

问题:网站抓住时机针对不同的客户发送不同的邮件,它是怎么做到给客户发送个性化邮件的?

步骤 1:明确客户,小组讨论网站主要把客户分为哪几类。

步骤 2:建立完整客户资料,小组讨论网站怎样收集客户信息并将客户归类。

【读一读】邮件营销实施的一般过程。

邮件营销实施的一般过程阶段见表 5.1,有内部列表和外部列表方式。通过表 5.1 进行对比,在营销实施过程中注意操作的差异性。

表 5.1　两种邮件营销方式的过程

阶　　段	内部列表—邮件营销	外部列表—邮件营销
1.确定营销目的、目标	营销目的:客户关系、品牌形象、产品推广、在线调查、资源合作等 营销目标:期望的点击转化率、投资回报率等具体目标 营销投入:经费、人力、设备等	在营销策略需要时确定营销目的、期望目标、内容形式、规模等
2.选择邮件营销平台	确定营销软件功能,选择邮件营销软件	利用专业服务商的营销平台
3.获取用户邮箱地址资源	通过各种手段,吸引尽可能多的用户加入营销软件的用户列表	利用专业服务商的用户资源
4.营销内容设计	在总体方针的指导下来设计每期邮件的内容,一般是营销员的长期性工作	根据每次邮件营销活动需要制作邮件内容,或者委托专业服务商制作

续表

阶　段	内部列表—邮件营销	外部列表—邮件营销
5.邮件推送	利用自己的邮件营销平台和根据设定的邮件列表定向发送	服务商根据服务合同定向群发营销邮件
6.效果追踪和评价	利用自己的邮件营销平台进行追踪统计邮件到达、打开、点击、回复、转发数率等情况,分析营销效果	服务商根据服务合同提供邮件投放情况统计和分析报告

说明:"打开"是指用户点击邮件主题并阅读内容;"点击"是指用户点击邮件内容。

【做一做】设计一个 E-mail 营销计划。
步骤1:获取班里同学的电子邮箱地址。
步骤2:设定一个营销主题。
步骤3:收集材料,编辑文案。
步骤4:邮件广告投放。
步骤5:收集反馈信息,及时回复。
步骤6:总结。

友情提示

可以在不同域名的免费邮箱网站注册多个邮箱账号,每个邮箱账号每天发送一两百封也不成问题。但要适可而止,避免辛苦申请的账号被封杀。电子邮件的收发都要通过电子邮局,每个电子邮局基本都有技术过滤机制,一般对发送者的 IP 地址、账户、域名、发送量、发送频率、邮件标题和内容等进行限制。

活动评价

陈伟和助手李华最终克服了遇到的种种困难,完成了公司网上商城的邮件营销推广任务。在实施任务的过程中,陈伟和李华对邮件营销的实施过程有更进一步的了解,并积累了一些经验,为接下来公司的邮件营销推广奠定了良好的开端。

活动 2　策划邮件营销

活动背景

以往的经验告诉陈伟,一个有规划的针对性营销,更容易产生正面效果;相反,一个没有规划和针对性的群发营销邮件,不仅无人点击,更会让人产生反感。

知识窗

邮件营销被低估的原因:

在互联网语境下,网络推广手段如网页广告、SNS 营销、搜索引擎竞价排名、视频广告等,与以电子邮件为主的网站推广手段如电子刊物、会员通信等电子邮件广告相比,更加常见和受推广从业人员欢迎。但这些营销推广模式是相对被动的,而电子邮件营销可以跟踪用户行为,从而挖掘用户数据,可以计算其转换率(ROI),亦可交互体验,主动出击。

但正是由于电子邮件有如此的优势,有些企业推广为了一时便利,滥发邮件,导致网络垃圾邮件泛滥,用户一看推广邮件便满怀拒绝,甚至设置黑名单。从而使得本来推广成本低的邮件营销一直被低估。

1.电子邮件推广的优点

(1)成本低

成本=网费+电费+脑力成本

(2)受众范围广,效率高

建立企业邮件列表数据库,只要用户留下的邮件地址多,企业就可以在短时间内发送成千上万份邮件。

(3)简单便捷

(4)转化率高

投放受众精准、内容质量高、越是精准转化率越高。

2.电子邮件推广的缺点

①如果没有精准投放,短时间内大批量发送会被列入黑名单如图 5.42 所示。

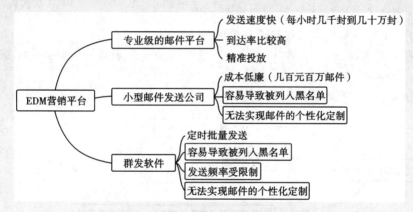

图 5.42　EDM 营销不同平台的优缺点

②电子邮件推广给人们留下的印象非常差。

文案编辑要注意。客户往往会收到例如送优惠券的、做保险的、英语的、招聘的等邮件,一般客户只看题目就不想打开或者直接删除。

3.邮件推广的效率和效力

案例分析:"新江南"公司的 E-mail 营销 。

事件背景描述:

"新江南"是一个旅游公司,为了在 2017 年"五一黄金周"之前进行公司旅游项目促销。本次活动计划将上海作为试点城市,采取网络营销的方式宣传。

企业背景分析:

"新江南"公司网站有用户 1 000 多人,已经有半年多的时间没有向会员发送过信息。因此,公司内部的营销资源有限,需要借助于专业服务来发送 E-mail 广告。

事件执行描述：

在多家可提供 E-mail 营销服务的网站中，最终选择了新浪上海站，该网站有一份关于上海市白领生活的电子周刊，订户数量超过 300 000。计划连续 4 周投放 E-mail 营销信息，发送时间定为每周三，前两次以企业形象宣传为主，后两次针对公司新增旅游路线进行推广。其间，公司网站的日平均访问量比上个月增加了 3 倍多，日均独立用户数量超过了 1 000 人，尤其在发送邮件的次日和第三日，独立用户数量的最高纪录达到了每日 1 500 多人。从这次活动，也发现了两个问题：一是内部列表发送后退回的邮件比例相当大；二是来到网站浏览的用户的平均停留时间只有 3 分钟，比活动开始前用户的平均停留时间少了 2 分钟。

为何通过在新浪上海站的电子周刊上打广告就能取得如此的营销效果？

通过案例可知，电子杂志的读者主要来源：一是客户主动订阅；二是自己公司投放，读者往往是不小心阅读到，这种情况的邮件杂志基本上被视为垃圾邮件。

如果推广人员能精心编辑文案，使得每次推送的电子邮件具有让订阅者感觉有价值的信息和情报，进而不断巩固阅读者的兴趣（"路"转"粉"再转"铁粉"）。而在电子邮件中附带一些推广信息，也会被读者所接受。

4.提高电子邮件营销效果，规避垃圾邮件

（1）赋予邮件明确的主题和高质量的内容

标题言简意赅，引人注意，避免让人一看就以为是垃圾邮件。要让人意识到这是对他来说有价值的电子邮件。

（2）要有高质量的电子邮件地址列表

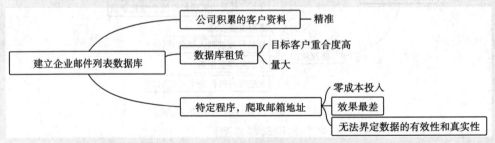

图 5.43   建立企业邮件列表数据库

（3）确定目标受众

细分目标受众，有针对性地写邮件。比如你给喜欢短袖的人发送关于短袖的邮件，给喜欢长袖的发关于长袖的邮件。你需要把需要短袖的人引导你的短袖着陆页面，而不是长袖的着陆页面；反之亦然。越精准的投放，转化率越高，而且可以尽最大程度地规避垃圾邮件。

（4）采用优秀的邮件发送工具

目前市场上的群发软件很多，大部分功能只能发送，缺少必要的功能，如验证邮件地址的有效性及地址退订的群发软件功能。

（5）注意邮件列表

　　管理不仅在于应如何从列表中识别并删除这些无用的邮件地址,而且应该树立这样一种观念:一开始就应该从那些真正需要你的邮件并确认订阅的用户那里获得邮件地址。

活动实施

【算一算】以下是现实中某公司某次 EDM(电子邮件推广)的效果,请算出其利润率。

- 发送 3 000 封邮件
- 为网站带来了 100+的访问量
- 带来了 10+的付费用户,价值 1 000 元
- 成本:5 元
- 投入产出比:5∶1 000

利润率＝

【做一做】通过学习邮件营销,以小组为单位(4~6 人为一组)进行一次个性化邮件分享活动。

步骤 1:确定分享主题,例如 PS 制作有趣表情包教程(见图 5.44)。

图 5.44　表情包制作教程

　　步骤 2:确定分享目标人群:喜欢探索新鲜、潮流事物的年轻人。

　　步骤 3:通过百度等搜索引擎,收集教程材料。如:原图换脸大法、图片切换制作动态表情等。

　　步骤 4:收集目标受众邮箱地址,如自己的亲朋好友,或者尝试在微信、QQ、百度知道、学校贴吧、论坛等发布知识分享信息,让感兴趣的受众留下邮箱号码。(每小组至少收集 50 个邮箱地址)。

　　步骤 5:在网上搜索免费的电子邮箱如网易免费邮箱 yeah.net(见图 5.45),并注册。

　　步骤 6:拟定一个吸引人且突出主题的邮件标题。

图 5.45　网易免费邮箱 yeah.net

步骤 7:讨论邮件信息的编写,要求包括简单介绍本次邮件分享的教程、引发受众反馈的内容(如求下个教程——图片切换制作动态表情的回复本邮件)等。

步骤 8:接收邮件反馈信息后,及时回复信息。

步骤 9:统计收集到的数据。

【想一想】邮件的验证地址有效性及地址退订功能有什么作用？没有这两种功能会给企业的邮件营销带来什么后果?

活动评价

了解邮件营销的魅力与对现实中人们对垃圾邮件反感的来由后,陈伟对邮件营销信心满满,目标明确。为后续电子营销的推广确定了正确的方向。

合作实训

实训任务:露露百货网上商城在新的一年里,想通过网络营销手段进一步提高公司的知名度和销售额,目标是老顾客以及潜在客户,公司决定采用投入少、效率高的邮件营销方式,在本年度各种节日、纪念日到来之际进行邮件营销。根据所给线索,编写一则"露露百货××日邮件营销"推广方案。

实训目的:通过实训帮助学生初步掌握邮件营销的基本实施过程、技能要求以及培养学生团队合作意识。

实训过程:学生分组(每组 5~6 人,推选一名组长,由组长根据小组情况进行任务分工),每一组各完成一则"露露百货××日许可式邮件营销"方案的设计,每小组选定一个节日或纪念日,选定一至多个适合该节日的百货商品。包括以下内容项。

①邮件主题:为营销方案设计符合该节日特性、有创意的邮件标题和内容。

②营销的目的、目标:包括目标邮箱数、转化率、消费群等。

③营销地点:(××邮件平台的邮箱)。

④营销形式:电子邮件推广。

⑤目标群体:进行分析研究目标"客户群体",分析客户购买心理及其影响因素。

⑥地址列表的获取方式。

⑦营销工具的选取:写出选择的具体条件和原因。

⑧邮件发送时间与周期。

⑨邮件内容:内容撰写、版面设计,可以包含图片,互动等信息。

⑩活动效果预测:结合营销目标,比如点击率($n\%$),模拟对邮件的跟踪与统计分析。

⑪活动预算与配套措施。

⑫营销方案内容最终形成 PPT 格式,由各组来轮流演示、解说自己设计的方案,其他组成员可以进行提问。演示结束后,由其他组组长、老师对该组方案进行点评。

任务 3　搜索引擎推广

情境设计

由于公司业务拓展与市场竞争的需要,公司主管叶经理交给陈伟的第一项工作就是对公司网站进行优化,提高公司网站相关关键词在搜索引擎的排名,从而提升公司网站的流量,并将流量转化为有效流量即订单量。

在对竞争对手进行详细的调研后,陈伟开始着手对自己公司的网站流量的来源,带来流量的关键词等进行分析,同时也动用一些专业的 SEO 工具对网站进行辅助优化,精准选取关键词进行竞价排名,并对选取关键词进行创意写法提升点击率和推广效果。通过 SEO 和竞价排名后,在短短一个多月的时间里,公司网站的收录数明显增加,网站流量从原来的每天3 000 个 IP 上升到每天 20 000 个 IP 以上,效果显著。

任务分解

陈伟拟通过本任务落实搜索引擎推广,为此他制订了一个搜索引擎营销方案,并把任务通过活动 SEO 和竞价排名去完成。

任务实施

活动 1　运用 SEO 营销

活动背景

接到任务后,陈伟马上运用搜索引擎高级搜索指令和 SEO 工具等对公司网站和主要竞争对手网站进行研究。研究发现,公司主要竞争对手网站有 5 家,其中有 2 家的 GooglePR值比自己的公司高,域名注册比自己的公司早,外链与搜索引擎收录也比自己公司多,而且网站也是经过专业 SEO 处理的,是比较强的竞争对手。

知识窗

随着互联网的迅猛发展、WEB 信息的增加,用户要在信息海洋里查找自己所需的信息,就像大海捞针一样,搜索引擎技术恰好解决了这一难题。

搜索引擎(Search Engine)是指根据一定的策略、运用特定的计算机程序从互联网上收集信息,在对信息进行组织和处理后,为用户提供检索服务,将用户检索相关的信息展示给用户的系统。

1.什么是 SEO

SEO 是英文 Search Engine Optimization 的缩写,中文意思是搜索引擎优化。SEO 是一种利用搜索引擎的搜索规则来对网站内外部进行优化,提高网站在搜索引擎内的自然排名,从而获得网站流量的技术。

SEO 对网站的优化包含站外 SEO 和站内 SEO 两方面,简单来说,站外 SEO 就是增加外部链接,如友情链接、论坛链接等,这是不受站长控制的。站内 SEO 指网站结构和页面优化,如网站内容的优化、页面 HTML 代码等,这是站长能控制调整的。

2.网站结构与页面优化

(1)网站结构优化

网站结构优化就是对网站的物理结构(网站真实目录及文件的存储位置)、逻辑结构(网页内部链接的网络图)进行合理的调整,尽量减少目录层次,优化重点内页与非必要页在链接结构中的位置,增加重点内页的链接入口,减少非必要页的链接,使权重在网站各页面合理均匀分布,所有页面都容易被搜索引擎收录。

(2)页面优化

①Title 标题优化。Title 标签紧跟<head>标签,长度最好不要超过 30 个中文字符数,因为百度和 Google 的搜索结果只能显示 30 个中文字符左右,超过部分会以省略号代替,因此标题最好控制在 15~25 个中文字符,还要是一个通顺有吸引力的句子,既要让用户看出页面的大体内容又要吸引用户点击进去,而不要简单地关键字堆积,毕竟点击流量才是我们做 SEO 的最终目的。

以 1 号店、京东商城为例。

先来看看 1 号店首页源代码的标题:

```
<head>
<title>1 号店(yhd.com)全球超市,轻松到家! </title>
⋮
</head>
```

再来看看京东商城首页源代码的标题:

```
<head>
<title>京东(JD.COM)-正品低价、品质保障、配送及时、轻松购物! </title>
⋮
</head>
```

标题百度搜索结果如图 5.46 和图 5.47 所示:

图 5.46 1 号店百度搜索结果的标题显示

图 5.47 京东商城百度搜索结果的标题显示

②Meta 标签。描述标签(Description Tag)是向搜索引擎告诉网页内容的一个标签,长度最好不要超过 70 个中文字符。目前主流搜索引擎已不将其列入排名算法中,但一般情况下,搜索结果中的页面说明文字可能就是来自描述标签,所以还是建议认真写上。

代码格式:

1 号店首页的描述标签为:

```
<head>
  ⋮
<meta name="Description" content="1 号店网上超市,最经济实惠的网上购物商城,用鼠标逛超市,不用排队,方便实惠送上门,网上购物新生活。">
  ⋮
</head>
```

关键词标签(Keyword Tag)是向搜索引擎告诉网页关键词的一个标签。早期作为重要的排名依据存在,但后来因被广泛应用于 SEO 作弊,目前主流搜索引擎已不再将其列入排名算法中。

代码格式如下：

```
<head>
    ⋮
<meta name="Keywords" content="关键词1,关键词2……">
    ⋮
</head>
```

总之,虽然现在 Meta 标签的作用已经不像以前那么重要了,但是好的 Meta 标签仍可以吸引更多用户来访问网站。

（3）正文中的关键词

由于关键词与网页的相关性是搜索引擎排名的重要依据之一,所以围绕关键词来进行文案写作就显得是必要的,但关键词出现频率多少比较合适? 一般建议关键词密度应该控制在 2%~8%。但有时为了优化刻意在文案中加入相同关键词反而会破坏文案的整体效果,得不偿失,因此大家不要为了优化而优化,只需在文案开头结尾出现、中间内容再适当地出现几次即可。

3.常用的 SEO 工具

（1）Alexa

Alexa 是亚马逊公司旗下一家专门发布网站世界排名的网站,也是当前拥有 URL 数量最庞大,排名信息发布最详尽的网站。

Alexa 可以用来查看竞争对手网站流量等数据,比如查看淘宝网的 Alexa 排名,如图 5.48 所示。

图 5.48　淘宝网在 Alexa 的排名

（2）百度指数

百度指数是以百度海量网民行为数据为基础的数据分享平台,如图 5.49 所示。

通过研究关键词搜索趋势来了解检索用户的需求,与 Google 趋势类似。

图 5.49　百度指数

其中指数探索包含了趋势研究、需求图谱、资讯关注、人群画像四大模块。

活动实施

【做一做】研究唯品会、国美电器等优秀企业是如何做 SEO 网站优化的,进一步学习网站优化的知识。

步骤 1:打开唯品会(见图 5.50)、国美电器(见图 5.51)首页。

图 5.50　唯品会官网

图 5.51　国美电器官网

步骤 2：右键-查看源代码(见图 5.52 和图 5.53)。

```
1  <!doctype html>
2  <!--
3  <html>
4    <head>
5      <title></title>
6      <body></body>
7    </head>
8  </html>
9  -->
10 <html lang="zh">
11 <head>
12   <meta charset="utf-8" />
13   <link rel="dns-prefetch" href="//s2.vipstatic.com">
14   <link rel="dns-prefetch" href="//a.vpimg1.com">
15   <link rel="dns-prefetch" href="//c.vpimg1.com">
16   <link rel="dns-prefetch" href="//d.vpimg1.com">
17   <meta http-equiv="x-dns-prefetch-control" content="on">
18   <meta http-equiv="content-type" content="text/html; charset=utf-8" />
19   <title>唯品会（原Vipshop.com）特卖会：全球精选_正品特卖_确保正品_确保低价_货到付款</title>
20   <meta name="keywords" content="唯品会,vip,打折,品牌折扣,限时抢购,特卖" />
21   <meta name="description" content="唯品会vip购物网以1-7折超低折扣对全球各大品牌进行限时特卖，商品盖括服装、化妆品、
      家居、奢侈品等上千品牌。100%正品、低价、货到付款、7天无理由退货。" />
22   <meta name="baidu-site-verification" content="rnyMiv2JC1" />
23   <meta name="mars_root" content="01">
24   <script type="text/javascript">
25   var goToHttps = 0,        isHttps = 'https:' == document.location.protocol ? true : false;      if(!isHttps &
   & goToHttps){
26                window.location.href = window.location.href.replace(/http:\/\//g, 'https:\/\/');
27   }
28 </script>    <link href="//shop.vipstatic.com/css/public/shop/common-hash-1c381738.css?2018010403"
   rel="stylesheet" type="text/css" />
29   <link href="//shop.vipstatic.com/css/public/te/4/index_v4-hash-080db684.css?2018010403" rel="stylesheet"
   type="text/css" />
30   <script src="//shop.vipstatic.com/js/public/jquery-1.10.2.js?2018010403" type="text/javascript"></script>
31   <script src="//shop.vipstatic.com/js/public/core3.1.0.js?2018010403" type="text/javascript"></script>
32   <style type="text/css">
33                body { background-color: #ffffff; }
34            </style>
35 </head>
```

图 5.52　源代码(1)

```
1  <!DOCTYPE html>
2  <html lang="zh-CN">
3  <head>
4      <meta charset="UTF-8">
5      <title>国美(GOME)-综合网购商城,正品低价、品质保障、快速送达、安心服务! </title>
6      <meta http-equiv="pragma" content="no-cache">
7      <meta http-equiv="cache-control" content="no-cache">
8      <meta http-equiv="expires" content="0">
9      <meta name="description" content="国美(Gome.com.cn)国美电器唯一官方网上商城,中国领先的专业家电网购平台.全球品牌电视、洗衣机、电脑、手机、数码
10     <meta name="Keywords" content="国美,国美在线,国美电器,国美官方旗舰店,国美电器网上商城,电视,洗衣机,电脑,手机,数码,空调,电脑配件,生活电器">
11     <meta property="qc:admins" content="250055617767556375636">
12     <meta name="applicable-device" content="pc">
13     <meta name='360_ssp_verify' content='c07d2d89e39a848c43e118883a94560f' />
14     <meta http-equiv="X-UA-Compatible" content="IE=9; IE=8; IE=7; IE=EDGE">
15     <meta name="data-code" content="sy">
16     <meta http-equiv="mobile-agent" content="format=xhtml; url=//m.gome.com.cn">
17     <meta http-equiv="mobile-agent" content="format=html5; url=//m.gome.com.cn">
18     <meta http-equiv="Cache-Control" content="no-siteapp"/>
19     <meta http-equiv="Cache-Control" content="no-transform"/>
20     <meta http-equiv="Access-Control-Allow-Origin" content="//myhome.gome.com.cn">
21     <link rel="canonical" href="//www.gome.com.cn">
22     <link rel="dns-prefetch" href="//img.gomein.net.cn">
23     <link rel="dns-prefetch" href="//img1.gomein.net.cn">
24     <link rel="dns-prefetch" href="//img3.gomein.net.cn">
25     <link rel="dns-prefetch" href="//img4.gomein.net.cn">
26     <link rel="dns-prefetch" href="//img10.gomein.net.cn">
27     <link rel="dns-prefetch" href="//img11.gomein.net.cn">
28     <link rel="dns-prefetch" href="//img12.gomein.net.cn">
29     <link rel="dns-prefetch" href="//img13.gomein.net.cn">
30     <link rel="dns-prefetch" href="//img14.gomein.net.cn">
31     <link rel="dns-prefetch" href="//js.gomein.net.cn">
32     <link rel="dns-prefetch" href="//css.gomein.net.cn">
33     <link rel="dns-prefetch" href="//cart.gome.com.cn">
34     <link rel="dns-prefetch" href="//success.gome.com.cn">
35     <link rel="alternate" media="only screen and(max-width:640px)" href="//m.gome.com.cn/">
36     <link rel="shortcut icon" href="//app.gomein.net.cn/favicon.ico" type="image/x-icon">
37     <script type="text/javascript">
```

图 5.53 源代码(2)

步骤 3:找出唯品会、国美电器的 Title 标签。

步骤 4:分别打开唯品会、国美电器中的任何一个产品页面(见图 5.54),查看源代码。

图 5.54 产品页面

步骤 5:找出唯品会、国美电器产品页面的内页标题(见图 5.55)。

步骤 6:找出两个网站首页的 Meta 标签、关键词标签填入表 5.2。

```
<html lang="zh">
<head>
  <meta charset="utf-8">
  <link rel="dns-prefetch" href="//shop.vipstatic.com">
  <link rel="dns-prefetch" href="//a.vpimg2.com">
  <link rel="dns-prefetch" href="//a.vpimg3.com">
  <link rel="dns-prefetch" href="//a.vpimg4.com">
  <meta http-equiv="x-dns-prefetch-control" content="on">
  <meta http-equiv="content-type" content="text/html; charset=utf-8">
  <title>新人专享-美妆爆款15黄瓜玻尿酸补水面膜套组32片 补水保湿面膜贴女_唯品会</title>
    <script type="text/javascript">
      var channelType = '1';
      try {
        if (/Android|Windows Phone|webOS|iPhone|iPod|BlackBerry/i.test(navigator.userAgent)
          && !/MI PAD/i.test(navigator.userAgent)) {
          if (channelType == '2') {
            window.location.href = '//m.vip.com/beauty-detail-0-' + 391888411 +'.html';
          } else {
            window.location.href = '//m.vip.com/product-' + 2257880 +'-' + 391888411 +'.html';
          }
        }
      } catch (e) {}
    </script>
  <meta name="keywords" content="新人专享-美妆爆款15,黄瓜玻尿酸补水面膜套组32片,补水保湿面膜贴女">
  <meta name="description" content="唯品会名牌时尚折扣网提供新人专享-美妆爆款15 黄瓜玻尿酸补水面膜套组32片
水面膜套组32片 补水保湿面膜贴女">
  <link href="//shop.vipstatic.com/css/public/shop/common-hash-1717cf5b.css?2017111001" rel="stylesheet" t
```

图 5.55 源代码（3）

表 5.2 优秀网站的页面代码优化

页面优化	唯品会	国　美
Title 标签		
产品内页标题		
Meta 标签		
关键词标签		

【想一想】假设你是阿里巴巴网站的 SEO 工程师，请运用所学知识，列出你对阿里巴巴网站页面优化的建议。

> **友情提示**
>
> 可以从 Title 标签、Meta 标签、正文中的关键词出发，言之有理即可。

活动评价

陈伟最终克服了遇到的种种困难，完成了公司网上商城的 SEO 营销任务。在实施任务的过程中，陈伟对 SEO 营销有了更进一步的了解，并积累了一些搜索引擎推广的经验，为接下来公司进一步进行百度竞价奠定了坚实的基础。

活动2　竞价排名

活动背景

在完成公司网上商城的 SEO 营销任务后，陈伟马上对自己公司的网站流量的来源，带来流量的关键词等进行了分析，通过精准选取关键词进行百度竞价，并对选取关键词进行创意写法来提升点击率和推广效果。

知识窗

百度推广是国内首创的一种按效果付费的网络推广方式,简单便捷的网页操作即可给企业带来大量潜在客户,可以有效提升企业知名度及销售额。

1.竞价排名

(1)竞价排名机制(以百度竞价排名为例)

百度的竞价排名顺序是由综合排名指数决定的。综合排名指数(CRI)是出价与质量度的乘积。综合排名指数越大,在搜索结果页的排名就越靠前。因此想提高在百度竞价中的排名可以通过提高出价或提高关键词质量度两种方式来实现。

(2)竞价排名的特点

搜索引擎竞价排名的最基本特点是按点击付费,没有被搜索用户点击则不收取推广费。与固定付费广告相比,竞价排名还具有以下特点使其更受到企业青睐。

①按效果付费。

②企业可以自由设定关键词。

③广告出现在与用户检索内容高度相关的搜索结果页面,并在页面靠前的位置。

④搜索引擎自然搜索的结果排名,推广效果是有限的,采用竞价排名可以很好地弥补这一劣势。

⑤企业可以对用户点击广告情况进行精确统计分析。

2.关键词的选取

选择关键词的时候需要考虑很多的因素:如关键词是否与自身网站内容相关,因为竞价的最终目的不仅仅是流量,更是订单量。靠欺骗性的关键词带来的流量无法转化成订单量,对网站毫无意义。又如目标用户会搜什么样的词? 也就是要站在用户的角度去思考。

下面介绍如何合理找到精准关键词的一些常用方法:

(1)品牌词

自有品牌的关键词,如"百度""谷歌"。

(2)产品词

所谓产品词就是提供的产品的名称或别称,是能显示用户最直接的需求,带来最直接的潜在客户的词汇。选取该类关键词的时候可以把具体的产品名称、别称、型号都列出来,如康佳(KONKA) LED32E330C。

(3)通俗词

通俗词即网民可能使用的一些口语式表达,如"怎样才能学好 SEO",该类词往往最能接近潜在用户需求,所以在信息匹配合适的情况下,非常容易形成转化。

(4)扩展词

对目标关键词进行扩展,如顺着"SEO"这个关键词,可以分析扩展出"SEO 方法""SEO 技术"等,当然也可以利用百度下拉框、百度相关搜索进行关键词扩展。

3.关键词的质量度

以百度为例,百度关键词质量度是有效评估网民对该关键词认可程度和关注度的一种指标,它直接影响竞价关键词的排名、点击价格。

百度关键词质量度按等级划分为三星等级:1 颗星(★)代表该关键词质量度偏低,需要进行优化;2 颗星(★★)代表质量度为平均水平;3 颗星(★★★)代表关键词表现不错,可以以此为标准或者继续保持,如图 5.56 所示。

图 5.56　百度关键词质量度等级展示

那么质量度与竞价关键词的排名、点击价格有什么直接的关系呢?

首先来了解一下百度竞价的点击价格的计算公式:

①关键词排在所有推广结果的最后一名,则点击价格为该关键词的最低展现价格。

②其他情况下,每次点击价格 $= \dfrac{\text{下一名出价} \times \text{下一名质量度}}{\text{关键词质量度}} + 0.01$ 元。

比如你竞价的关键词是"广州××最好的酒店",目前排在第二名,质量度 2 颗星。排在第一名的竞争对手质量度为 3 颗星,你们出价均为 10 元,第三名质量度 2 颗星,出价9.99元,这时前两名计算点击费用如表 5.3 所示。

表 5.3　计算点击费用

竞价排名	出　价	质量度	每次点击费用
第一名	10 元	3 颗星	第二名的出价×第二名的质量度/第一名的质量度+0.01 元 = 10 元×2/3+0.01 元 ≈ 6.68 元
第二名(自己)	10 元	2 颗星	第三名的出价×第三名的质量度/第二名的质量度+0.01 元 = 9.99 元×2/2+0.01 元 = 10 元
第三名	9.99 元	2 颗星	……
第四名	……	……	……

也就是说你每一次的点击费用都比第一名的多(10-6.68)元 = 3.32 元。

其次,如果是"酒店预订"等高消费的关键词,出价是 30 元的话,那么你每次点击费用与第一名相差就要接近 10 元了,因此用户在技术上能够做到 3 颗星的就要尽量做到。

最后,来谈谈如何将关键词的质量度提高到 3 颗星。

（1）优化账户结构

认真审视每个推广计划和推广单元，看是否有优化的空间，其中一个推广计划可以划分多个推广单元，一个推广单元可以归类很多关键词，合理划分推广单元会使推广计划变得明晰、关键词分类变得明确，为下一步的创意撰写打好基础。

推广计划要做哪个行业就定哪个词，词覆盖面要广，比如，你是做酒店的，酒店名字是××，所在的城市是广州，那么你可以把推广计划设置为"广东酒店"。然后在这个推广计划下的推广单元你就可以设置"广州××酒店""广州××""××酒店"等，最后在推广单元下面再设置关键词，如"广州××酒店"单元下面的关键词可以设置为："广州××酒店怎么样""广州××酒店在哪儿""广州××酒店预定"等，一个推广单元下的关键词最好不要超过 100 个，百度营销建议关键词数量不超过 30 个，这个大家只能根据自己的经验与实际效果来设置。

（2）改进创意的撰写质量

创意撰写的基本原则是要确保语句通顺、意义完整。高质量的创意一方面可以吸引用户关注，提高点击率；另一方面，也有利于增强搜索词、关键词与创意的相关性，从而提升质量度。一个推广单元里面以 100 个关键词计算，需要 4~5 个较高相关性的创意。尽量在每条创意中都使用通配符┊┊，以此来获得更多的飘红。所谓"飘红"就是当用户检索时匹配到你的推广时，你的标题、描述中与搜索词一致的部分将以红色显示。有关创意撰写的技巧将在后面单独学习，这里暂时不讲。

（3）选择合适的显示 URL

一般情况下，访问 URL 直接链接到你想要用户访问的页面，但前提是你要清楚用户搜索这个关键词到底想知道什么东西，然后将这些相关的内容加入页面中。显示 URL 一般是网站首页地址+联系电话。

活动实施

1.注册百度推广账号

【做一做】通过在百度推广网站进行竞价排名提升公司的网站流量。

步骤 1：进入百度推广官网首页。

步骤 2：找到注册菜单，进行注册，如图 5.57、图 5.58 所示。

图 5.57　百度推广

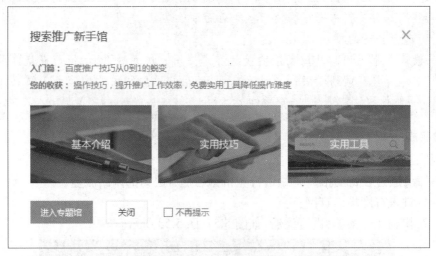

图 5.58　注册页面

2.学习百度推广技巧

登录百度推广账号,进入新手馆学习百度推广技巧,如图 5.59 所示。

图 5.59　搜索推广新手馆

3.操作提词快手

了解并操作提词快手,如图 5.60 所示。

图 5.60　提词快手

步骤 1:授权提词快手,如图 5.61 所示。

图 5.61　授权提词快手

步骤 2:输入需要拓展的词汇,如图 5.62 所示。

图 5.62　拓词/选词页面

步骤 3:完成拓词,如图 5.63 所示。

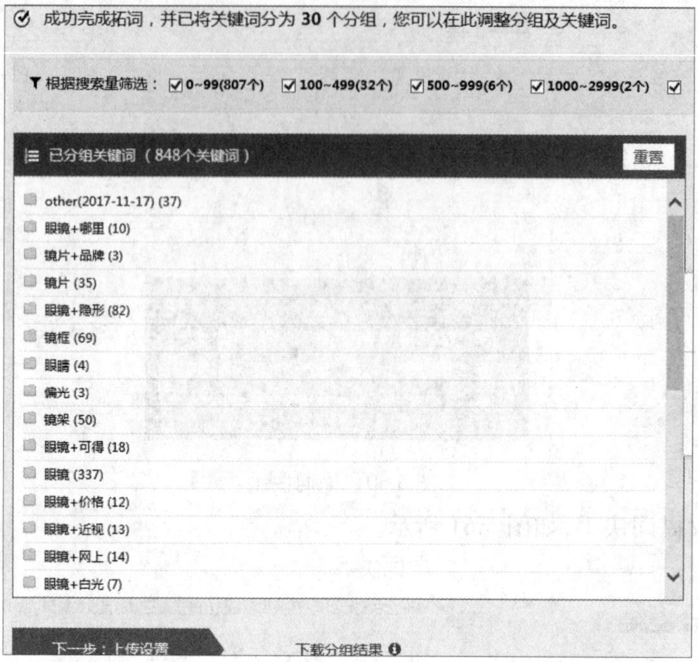

图 5.63 完成拓词

步骤 4：关键词上传及出价设置，如图 5.64 所示。

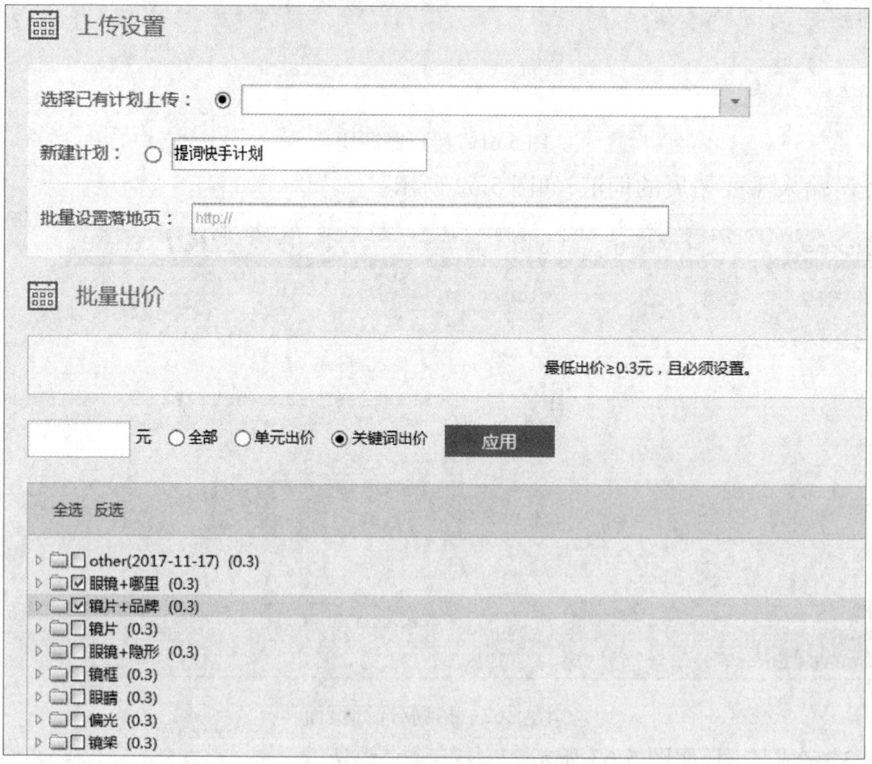

图 5.64 上传关键词及出价

活动评价

陈伟通过对百度推广的学习,逐步弄清了推广规则以及相应的费用,并在推广过程中积累经验。为公司的 SEO 营销推广与费用支出找到一个理想的平衡点,效益最大化地投资推广。

合作实训

实训任务:香港某酒店是一家著名的连锁酒店,基于长期营销和保持品牌认知度的目的,决定借助搜索引擎进行营销推广,于是委托专业搜索引擎登录服务机构对其网站进行优化。

经过一番调研后,该机构建议先从"香港××酒店""香港××""××酒店""香港××酒店预定"等具有针对性的 50 个关键词开始,针对主要搜索引擎进行竞价排名,结果大大超出了预期。短短三个月,酒店连锁的网站在各大引擎上获得了 100 个以上的排名。半年后,该网站累计点击率已达 300 万次左右,在该酒店连锁的网站总访问量中,由搜索引擎引导的流量占到了 40%,而客房订单相比之前激增了 150%,其中网络推广带来的订单量就增加了 130%。

实训目的:通过实训帮助学生初步掌握搜索引擎推广的基本程序、技能要求以及培养学生团队合作精神。

实训过程:结合本任务知识点,通过小组(每组 5~6 人,推选一名组长,由组长根据小组情况进行任务分工)提交一篇关于香港这家酒店为什么能在搜索引擎推广上取得巨大成功的分析报告,字数 300 字左右。

注意问题:分析报告内容必须真实、突出重点。

项目总结

网络营销推广是网络营销的重要组成部分,是以当今互联网为媒介的一种推广方式。网络营销推广不仅要做好网络推广,提高企业或产品的知名度,而且要提升客户的转化率,使企业能获得更高的收益。

网络广告是指在互联网刊登或发布广告,通过网络传递到互联网用户的一种高科技广告运作方式,包括广告横幅、文本链接等多媒体方法。

搜索引擎优化(SEO)是一种利用搜索引擎的搜索规则来对网站内外部进行优化,提高网站在搜索引擎内的自然排名,从而获得网站流量的技术。

邮件营销是以当今互联网为平台的一种营销方式,邮件营销不仅要提高企业或产品的知名度,而且要提升客户的转化率,使企业能获得更多的收益。

项目检测

1.单项选择题

(1)(　　)不属于网络广告的投放形式。

A.电子邮件　　　　　　B.文字链接　　　　　　C.视频播放　　　　　　D.聊天室

(2)行为定向广告的关注点在于(　　　)。

A.商家　　　　　　　　B.渠道　　　　　　　　C.消费者　　　　　　　D.网站

(3)(　　　)是用于向搜索引擎告诉网页内容的一个标签。

A.title 标题　　　　　　　　　　　　　　B.描述标签

C.关键字标签　　　　　　　　　　　　　D.正文中的关键词

(4)网页的文案中关键词密度在(　　　)时比较合适。

A.2%以下　　　　　B.2%~8%　　　　　C.8%~12%　　　　　D.12%~18%

(5)关于搜索引擎竞价排名,下面说法错误的是(　　　)。

A.关键词质量度高则每一次点击的费用高

B.按点击付费

C.企业可以对用户点击广告情况进行精确统计分析

D.可以通过提高出价或提高关键词质量度来提高排名

2.多项选择题

(1)横幅广告中常见的构图方式有(　　　)。

A.左-右-左构图　　　　　　　　　　　B.斜切式构图

C.3-7 开构图　　　　　　　　　　　　D.图片文案两边分

(2)网络广告的投放渠道包括(　　　)。

A.专类销售网　　　　B.网络报纸　　　　C.网络内容服务商　　　D.电视

(3)电子邮件营销的基本要素包括(　　　)。

A.通过电子邮件的方式传递　　　　　　B.消费行为

C.营销文案　　　　　　　　　　　　　D.基于用户许可

(4)(　　　)会造成邮件营销效率低下。

A.向用户提供有价值信息的同时附带一定数量的商业广告

B.高频率地发送推广邮件

C.根据用户特点有针对性地规划邮件内容

D.征得用户许可

(5)(　　　)属于 SEO 网站优化。

A.网站结构优化和页面优化　　　　　　B.友情链接

C.增加关键词密度　　　　　　　　　　D.提高网页美工水平

(6)在网络文案中设置有效的关键词,下面说法正确的是(　　　)。

A.关键词是描述品牌、产品、网站或服务的词语

B.通过长期的观察和去除,除去一些没人使用的或较少人使用的关键词

C.关键词可以随便选择,越多越好

D.选取那些人们在搜索你们行业或产品时常用到的关键词

3.简述题

(1)简述什么是定向营销。

（2）简述邮件营销实施的过程。

（3）简述如何更有效地开展节日邮件营销。

（4）简述什么是 SEO。

（5）简述百度竞价的点击价格计算公式。

www.🛒.com

项目 6　网络营销软性推广

项目综述

云(孕)Baby 教育科技有限公司是一家专业服务于母婴健康教育产业的互联网公司,陈伟在公司里面担任网络营销部门的主管,负责整个云(孕)Baby 母婴与怀孕育儿网上商城的网络营销推广。

为解决网上商城宣传推广效果不好、网站访问量少的问题,陈伟制订了一系列的网络营销推广计划,其中包括网络文案推广、微营销等网络营销软性推广。他还及时总结哪些网络营销推广能带来实际经济效益,不断改进网络营销推广方式,积累数据,为以后的业务开展积累经验。

项目目标

通过本项目的学习,应达到的具体目标如下:

知识目标

➤ 掌握软文的概念及作用

➤ 掌握网站优化的方法

➤ 掌握推广方案的格式和写作方法

➤ 掌握社会化营销活动的方法和步骤

➤ 掌握微营销的工具

技能目标

➤ 能根据营销环境及目的撰写软文

➤ 能撰写规范的推广方案
➤ 能实施社会化营销活动
➤ 能灵活开展微营销活动

情感目标

➤ 具有网络品牌意识
➤ 具有网站优化意识及良好的网站分析能力
➤ 培养良好的逻辑思维能力及写作习惯
➤ 养成细致严谨的工作态度
➤ 培养创意营销意识

项目任务

任务 1　网络文案推广
任务 2　社会化媒体营销
任务 3　玩转微营销

任务 1　网络文案推广

情境设计

云(孕)Baby 母婴与怀孕育儿网上商城用户访问量持续增加,但商品销量并没有上升。公司销售主管陈伟开始意识到,商城网站的内容信息不够吸引人,在互联网竞争激烈的今天,只有生动的信息内容,才能吸引新用户打开和老顾客再次访问。他召集了公司网络文案工作团队成员进行商城网站的网络文案更新及工作安排交流。

于是如何进行网络文案推广成为陈伟当下最迫切的需求。

任务分解

陈伟拟通过本任务落实网络文案推广,为此他制订了一个网络文案推广方案,并把任务分配给网络文案工作团队成员。

任务实施

活动 1　撰写商品推广软文

活动背景

以往的经验告诉陈伟,一个有规划的针对性营销,更容易产生正面效果;相反,一个没有规划和策略的营销推广,效果往往难以检测。

知识窗

随着网络媒体的发展,各商家越来越重视在网络媒体上的信息发布,如何策划、编写、推广网络文案也显得越来越重要。

1.名词定义

(1)网络文案

网络文案是指企业通过策划,在网络上刊登的可提升企业品牌形象、促进企业营销的一系列宣传性、解释性的广告文章。它是以软文为主导,同时搭配图片、链接、视频等辅助元素的一种网络广告版面。文案要具备销售力、传播力和公信力,一般有文字描述和配图,如图6.1所示。

图6.1   网络文案——脑白金

(2)软文

广告版面中涉及文字方面的描述统称为软文。它一般有标题、内容。例如,广告图片旁边的说明文字、电视广告的文字脚本、一个网站的广告语、一个公司的企业简介都是软文。软文也称广告文学,它追求的是一种春风化雨、润物无声的传播效果,如图6.2所示。

图6.2   网络文案——凤凰网

(3)网络文案推广

网络文案推广是指借助互联网进行的产品广告信息传播。推广目的就是增加曝光率,在网易、新浪、凤凰等大型热门网站中文案到处可见,用它来推广自己的商品或形象。网络文案常在网页、博客、邮件、论坛等处出现,这些传播媒介的特点是受众准,转化高;成本低,实效快;资源多,覆盖广。

2.文案的类型

文案的价值在于传递产品价值信息,一个好的文案,可以让目标受众对产品的认知从无到有,或者保持认识统一,或者认识升级,从而为后续的推广创造良好的氛围。不同的文案类型,其写作方法、应用场景和投放的媒介都不相同,了解文案都有哪些类型,以及在什么情况下使用哪种类型的文案,是文案写作的基础。

(1)故事型

"讲故事卖产品"永远比"讲产品卖产品"来得高明。通过讲一个故事带出背后的产品,用产品的光环效应给读者带来暗示。讲故事的目的是故事背后的产品,而故事的趣味性、知识性是文案质量的关键。例如"冤家路窄(饮料广告)""医生不懂病人的心(电视台广告)"等,将推广信息包装到故事里,会收到意想不到的效果,如图6.3所示。

(2)悬念型

抛出问题引共鸣。表现形式为通过标题提出一个问题,全文围绕这个问题来进行分析与解答。例如:"40岁可以拥有20岁一样的皮肤吗?"标题即话题,选取人们熟悉的话题进行发问,通过引发大家的思考而激发其对品牌或产品的共鸣,也能给人留下印象深刻的感觉,如图6.4所示。

图6.3　故事型文案——农夫山泉　　　　图6.4　悬念型文案——北美最近哪好玩

(3)关联型

关联特征、巧嫁接。运用比喻、拟人、联想等手法,将某一事物的特点与另一事物对比或联系起来,也会产生意想不到的效果(见图6.5、图6.6)。例如三菱的联想型广告是一个电话号码"30303030"。不同事物之间的联想,要自然不生硬,二者之间确实存在某些共同的特征,联系起来才能博大家一笑。

(4)逆向思维型

当所有企业都强调自己是第一的时候,如果你说自己排名第二,也许会取得不同凡响的效果;当其他人都传递越多越好的理念时,你却告诉大家少是好的,也会出人意料。因此,从反方向突破常规,是一种非常容易吸引消费者注意力的方式,如图6.7所示。

图 6.5　关联比喻型文案　　　　　　　图 6.6　关联对比型文案

图 6.7　逆向思维型文案

（5）恐吓型

恐吓型文案属于反情感型诉求,情感诉说温馨或美好,恐吓直击软肋。例如"你的体内有 5 千克垃圾!""洗血,有望多活 50 年!"。实际上,恐吓型文案给消费者留下的印象会比情感型文案更深刻,但此类文案易引起反感,注意要把握好火候。

（6）新闻事件型

流行、热点话题往往是一段时间内大多数人关注的焦点,将广告语与最近流行的热点话题、活动等通过某些特质相联系,可以凭借热点话题的高关注度,吸引人们对广告的注意,如图 6.8 所示。例如,"今年夏天可能要降'温'(啤酒广告)""可以全面停'火'了(蛇胆口服液)"。但选取的热点话题应注意时效性,不应选取时间久远的话题。此外,产品服务和话题之间的关联也要自然,避免牵强附会。

图 6.8　事件型文案——哑巴英语的末日

（7）诱惑型

实用性、能受益、占便宜这 3 种属于诱惑型文案。这种文案对读者有帮助,促使访问者主动点击或者到处寻找。因为能给访问者解答一些问题,或者告诉访问者一些对他有帮助的东西。这类文案也包括一些打折的信息等,这就是抓住了消费者爱占便宜的心理,如图 6.9 所示。

(8)促销型

促销型文案经常在上述几种软文见效时跟进——"中国大妈国外抢购的马桶盖""连续 n 天卖断货""告急！经典××即将停产"诸如此类的文案,或是使用"买托"造成产品的脱销、停产,攀比心理,影响力效应等多种因素,来促进人们的购买欲,如图6.10所示。

图 6.9 诱惑型文案——英孚教育

图 6.10 促销型文案——甜过初恋

网络文案也是网络广告,广告需要创意。这些类型的文案也不是一味孤立地使用,而要根据企业战略和实际情况来运用。

活动实施

【填一填】分析以下方案被否的原因,将分析结果填在横线上。

耳机是一款很专业的产品,在网络销售中,你不可能用图文精确地描述其音质,描述的和买家理解的也会有偏差。网上关于耳机的营销文案,一般都是用"高频突出,中频实,低频沉"来描述,抑或用"灵动""灵悦"来起名字。路数如此相似,怎样的文案才能拥有辨识度?

提示:我们需要更简单、更直接的东西来描述。比如小米活塞耳机:从音腔形态和外表寻找答案。

图 6.11 小米活塞耳机

小米活塞耳机(见图 6.11)候选文案。

一级卖点方案 1:灵感来自 F1 活塞设计。

被否:_____

一级卖点方案 2:航空铝合金一体成型的音腔。

被否:_____

二级卖点方案:奶嘴级硅质,柔软舒适。

被否:_____

最后卖点定的是——小米活塞耳机,99 元听歌神器。

【做一做】阅读蓝月亮借势营销的案例,学习文案策划的思路和技巧。

2018 年 1 月 31 日晚,"超级月亮、红月亮、蓝月亮"三合一亮相夜空。上一次见到如此奇景还是 152 年前的 1866 年。于是,各种月亮美照刷爆了朋友圈。

每日优鲜文案:月有阴晴圆缺,家有每日优鲜(见图 6.12)。

图 6.12　活动文案 1

图 6.13　活动文案 2

小米文案：月亮慢慢被阴影笼罩，手机慢慢被屏幕覆盖（见图 6.13）。

然而"躺赢"的蓝月亮（洗衣液）是如何戏剧性地刷爆我们的朋友圈呢？看看下面的文案追踪。

31 日当天上午 10 点 46 分，蓝月亮发出#超级蓝月亮#话题，以图借势吸引用户参与（见图 6.14）。

图 6.14　活动文案 3

蓝月亮官方还没设置广告文案，网友就先为它打了一波（见图 6.15）。

31 号当天 20:09 有用户 P 出一张富有创意并趣味横生的广告图（真是刷屏的广告图），蓝月亮文案这才灵动想出强化宣传对策。

31 日 20:37 蓝月亮文案再次以#超级蓝月亮#话题附带两张创意图煽动用户的参与热情（见图 6.16）。

图 6.15　活动文案 4

图 6.16　活动文案 5

　　估计网友的呼声太强烈,蓝月亮文案又补发其新产品——至尊宣传广告图(见图6.17、图 6.18)。

　　这是蓝月亮关于超级月亮借势营销的过程。本次推广蓝月亮差点与热点事件失之交臂,可见文案设计的重要性。

　　问题 1:案例中三大品牌的文案有何共同特点?

　　问题 2:蓝月亮官方的广告图为何没有刷屏反而是网友自发的图刷屏?

　　问题 3:此次事件营销利用的是用户的哪些心理? 也就是说用户为何自发地宣传蓝

蓝月亮 V

1月31日 21:03 来自 HUAWEI P10

#超级蓝月亮#今晚，肩并肩，手牵手，赏月，赏你。我说："今晚月色真美。"

😚@汇源果汁官方微博@滋源seeyoung @简一大理石瓷砖@FOTILE方太@格力电器@郎酒集团@东阿阿胶官博@金一IKINGONE@苏宁@ofo小黄车广州@爱玛电动车@因雀思听

☆ 收藏 　　　🔗 36 　　　💬 185 　　　👍 146

图 6.17　活动文案 6

图 6.18　活动文案 7

月亮?

【想一想】　你脑中还有什么挥之不去的文案?

洗脑文案:_____

活动评价

陈伟和网络文案工作团队掌握网络文案撰写的思路、类型以及各自对应的作用,学会针对不同的客户撰写不同的文案。

活动 2　制订与实施推广方案

活动背景

经过对文案的了解,陈伟开始对撰写好的文案进行投放、推广。在此之前,陈伟必须熟悉网络文案推广的具体步骤,从而更有效地进行推广。

知识窗

1.网络文案推广的实施步骤

文案推广是网络时代重要的营销方式之一,也应遵循策划、实施、评价与改进等过程操作规律。网络文案推广需要实施者具备一定的综合素质,那么文案推广应该如何实施呢?(见图 6.19)

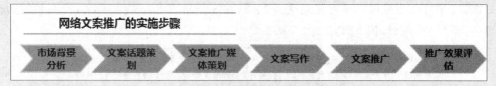

图 6.19　网络文案推广的实施步骤

还有就是文案推广过程中可能涉及费用预算。

2.网络文案的投放

投放就是选择适合的网络媒体来推广自己的文案,以达到宣传或销售的目的。网络文案可以在热门的网站、论坛、社区、搜索引擎等网络场所投放。

不同的媒介平台、不同的频道都具有一些个性,需要根据文案、读者群特征和文案传播方式(定向传播、交互)来选择推广媒介。下面是可以免费投放文案的十大网络站点:①百度贴吧;②新浪网论坛;③腾讯论坛;④搜狐社区;⑤中华社区;⑥我爱打折网;⑦21cn 论坛;⑧TOM 海云论坛;⑨猫扑;⑩天涯社区。

3.网络文案的写作与推广理念

网络文案是网络推广的核心。文案和创意是解决网站流量、品牌传播、产品销售等的唯一法则! 不管是网站本身的运营,还是借助网络来推广品牌,都需要借助文案来实现。

(1)文案撰写前的准备

注意把握三要素:亮点、用户、卖点。

①分析产品。了解产品推广需求、品牌文化,了解产品的特点,寻找最吸引人的亮点(优势),产品能给消费者带来什么好处,是否有佐证。

写产品文案最好是自己有过亲身体验,写自己知道的、真实经历过的、产品使用过程中体会到的。这样的文案写出来才有内容,才容易引起共鸣。

②分析目标客户。弄懂你的产品卖给谁,哪类人是目标消费群,客户有哪些需求、心理、习惯用语,哪些网络媒介平台拥有这类客户多(选择网络推广媒介平台)。

③与竞争对手作比较。知己知彼百战不殆,了解网络上推广的同类产品,找出其相同和不同的地方,还有优势和劣势、所用关键词。收集这些信息,为文案的创作和推广提供参考。

④确定文案价值、目的。确定文案要展示的价值,价值越具体越好。例如,"消除脸上的色斑"的承诺不如"让皮肤变得洁白、有光泽"来得有力,"为省钱"不如"省下10元钱"来得具体有力。

⑤确定文案传播方式。是要读者分享形成传播,还是参与互动或者其他?天猫"双十一"活动采用的"捉猫猫"抢红包广告文案就是属于互动式。

⑥规划文案题材、结构。结合上述内容,然后用不要超过30个文字将产品描述下来,包括产品的特点、功能、客服群、精神享受4个方面的内容。确定文案中要展现的内容,并列出关键词。确定文案是否配图,标准促销内容一般由软文、产品链接、配图(可不配)构成,如图6.20所示。

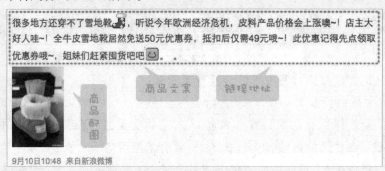

图6.20　标准促销内容

⑦搜集写作素材。在书本、互联网上搜集文案写作所需的素材,并整理、记录。好记性不如烂笔头,把自己分析和搜集到的一切都记录下来,标注主要的地方,把创意和灵感也记录下来,不要怕麻烦。

(2)软文写作

文案题材多种多样,参考上面的文案类型,结合实际确定标题和内容。

①标题:要简洁、主题鲜明、有个性、有创意。

②内容:要生动、有逻辑、简明易懂、自然流畅。可以参考表6.1热门话题开展,注意用好第一句导语,它是吸引读者读下去的起点。例如"那一夜……""据……说"。

③内容检验流畅性。在写完软文之后,试着大声朗读出来,别只在心里默念。读出来更容易发现语法是否有错误、结构会不会绕口、句子是否连贯等问题。

表 6.1 　软文内容参考

软文内容热门话题	软文参考案例
1.讲述"故事",吸引眼球、感化读者 2.关注"热话题",获得关注 3.问内容,答效果 4.反传统,走新潮 5.特征关联,合理嫁接 6.寻找共鸣 7.名句引用	女人的奢侈品——皮匠传奇 　人家都说女人的奢侈品有三样:香水、包包和鞋子。每一个有品位的女人都应该在这三个地方下功夫,就算只有一套衣服,如果能搭配合适的包包、鞋子,也能变化出不同的风情。我最不能抗拒的就是包包了,不管是在逛街的时候还是逛淘宝,我都喜欢看包包,其实我的包包比衣服还要多了呢,呵呵,可还是没有办法抗拒各种好看的包包。听说"皮匠传奇"又上新了呢,2016 新款专柜正品女包听着就让人流口水啊!几何美学幻化无穷魅力,最后偷偷告诉亲们,由于皮匠传奇新店刚开张,全场促销,赔本赚信誉,超强促销!惊喜不断哦!喜欢的 mm 们也赶紧去店里看看吧,相信大家一定能找到心仪的"包"贝!

（3）配图和链接

好的文案需要搭配出色的图片或动画。动人的软文再搭配合适的图片,让文案图文并茂,更有杀伤力,如图 6.21 所示。

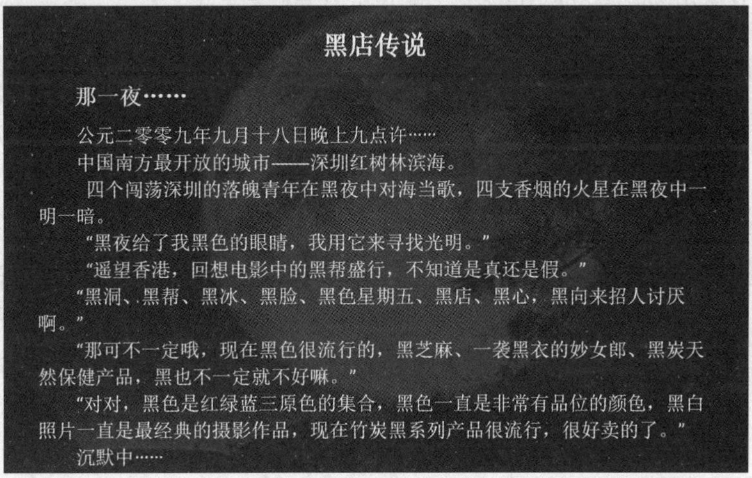

图 6.21 　文案——黑店传说

（4）文案投放时机

节日、纪念日、热点新闻事件、某活动等,都是可以巧妙利用来发布针对性网络文案的良机,这时往往能收到很好的推广效果。

（5）文案内容带抽奖、打折信息

文案广告中如果安排抽奖、赠品、赠券等会更具有吸引力,在叙说这些赠品或抽奖时要给人耳目一新的感受。

活动实施

【做一做】利用新浪微博关注"天才小熊猫",搜索他的微博"一位神秘的顾客"(见图6.22)并浏览这篇故事。

图 6.22　文案———一位神秘的顾客

看完这篇让你开怀大笑的文章之后,静下心来分析:

①这是段子还是软文广告?从哪些字眼或者图片可以看出?

②本文属于哪种文案类型?

③这篇软文分别是为哪些产品打广告?

④"天才小熊猫"擅长推广怎样的软文?

友情提示

宝贝搜索排名:根据搜索引擎工作原理,当搜索关键词在所有宝贝标题中都没有的时候,搜索引擎会抓取产品属性和详情页中的文案,而且,即使你的关键词是其他同行宝贝标题中出现的,只要该关键词在你的详情中出现频率较高,也会增加相关性,从而使宝贝排名比其他宝贝更靠前。

活动评价

陈伟和公司网络文案工作团队最终克服了遇到的种种困难,完成了公司网上商城的网络文案推广任务。在实施任务的过程中,陈伟和网络文案工作团队都对网络文案的制作和投放有了更进一步的了解,并积累了一些网络推广的经验,为接下来公司进一步进行网络文案推广奠定了良好的基础。

合作实训

实训任务:小高在淘宝网新开了一家网店,销售时尚女装,开业两个月了,销量却不理想。经有经验的朋友指点,她发现自己的店铺还存在许多不足,特别是网络文案方面。"双十一"即将到来,现在她的店铺急需懂得网络文案的写手为她出谋划策。

实训目的:通过实训帮助学生达到初步掌握网络文案策划、写作、推广的基本流程和操作技能,以及培养学生团队合作精神。

实训过程:学生通过小组(每组 5~6 人,每小组推选一名组长,由组长根据小组情况进行任务分工)共同完成小高网店"双十一"的网络推广文案,然后进行投放和推广效果评估。

步骤 1:根据本章节学习的知识,结合网店和商品特质,进行网络文案推广策划,并制作一份"××网络文案推广策划书",需包含文案的具体传播方式(定向传播还是交互形式)。

步骤 2:根据策划书制作出网络文案版面,充分利用软文、图片、动画等多媒体形式来体现产品的特点。

步骤 3:选择合适的网络媒介投放。

步骤 4:提交推广效果评估报告。

任务 2　社会化媒体营销

情境设计

云(孕)Baby 母婴与怀孕育儿网上商城通过前面的几种营销方式,获得了一定的营销效果。公司市场部召开会议,计划针对婴儿夏季服装在"五一"劳动节前进行针对性的社会化营销推广活动,以拓展云(孕)Baby 母婴与怀孕育儿网上商城的消费群,促进推广转化。

如何策划和开展社会化营销推广成为陈伟目前急需解决的问题。

任务分解

陈伟迅速组建了社会化营销推广小组,他制订了一个推广计划,准备通过论坛、微博、即时通信工具等渠道,推广公司的产品和服务的信息,为接下来公司的"五一"促销活动造势,并在消费者间通过互动和分享达到良好的营销效果,最终以实现目标客户挖掘和转化。

活动 1　认识社会化媒体营销的渠道

活动背景

陈伟首先要通过社会化媒体营销的渠道发布网络新闻,扩大平台的知名度。

> **知识窗**
>
> 1.社会化媒体营销的定义
>
> 社会化媒体营销是指运用社会化媒体,如博客、微博、社交工具、社会化书签、共享论坛等,来提升企业、品牌、产品、个人或组织的知名度、认可度,以达到直接或间接营销的目的。2016 年中国社会化媒体格局概览如图 6.23 所示。
>
> 网络营销中的社会化媒体主要是指具有网络性质的综合站点,其主要特点是网站内容大多由用户自愿提供,而用户与站点不存在直接的雇佣关系。

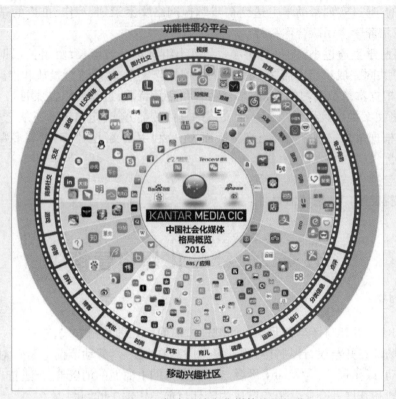

图 6.23　2016 年中国社会化媒体格局概览

2.社会化媒体营销的渠道

(1)博客营销

博客是网络时代的个人"读者文摘",是以超链接为工具的网络日志,代表着一种生活方式、工作方式和学习方式。博客最大的特点是信息通过圈子传播。每个博客用户都可以被视作话语权中心,与关注他的其他用户形成一个传播圈。微博是博客的一种特殊形式,得益于圈子的力量,微博能迅速形成热点,可以用来宣传企业的重要活动或事件。

(2)论坛营销

论坛是社会化媒体的始祖。与其他平台的不同之处是,论坛更注重意见领袖的力量。意见领袖的力量极其强大,意见领袖通常拥有较为专业的视角和较为广泛的人际关系,可以引导网络舆论的走向,形成网络讨论热点,网络的跨地域性也扩大了意见领袖的影响范围。论坛营销强调的是互动,通过与消费者进行充分的信息交互,满足消费者的愿望与需求。在信息交互中,企业的品牌得到传播,形象得以提升,最终达到促进销售的目的。

(3)SNS 营销

SNS 源自 Social Networking Service 的英文缩写,主要指旨在帮助人们建立社会化网络的互联网应用服务,社区网站将企业的品牌和产品信息通过相应的渠道以第三方的角度传播出去,如图 6.24 所示。

图 6.24　SNS 社区营销

(4)媒体共享社群

媒体共享社区类似于信息网络,它可以在用户间实现媒体内容共享,形成用户生成内容。社群中的成员对共同关注的问题进行分享、讨论,组织与成员都能从这种共享中受益,乐于参与社群活动。很多企业抓住媒体共享社群的这个特点,鼓励消费者提交有关企业活动的视频,并利用媒体共享社群中的用户聚合性,吸引更多的用户观看视频。

活动实施

【做一做】根据上节课学习的知识,请同学们为商城新推出的婴幼儿食品撰写商品推广文案,并通过微博、论坛、小视频进行推广。

1.微博推广

步骤 1:百度搜索微博,进入微博首页(见图 6.25)。

图 6.25　微博首页

步骤 2:在右侧登录微博账号(见图 6.26)。

步骤 3:增加关注度,增加人气。关注那些和自己所做的项目、行业相关的一些名人,发布一些潜在客户关心的内容,转发一些流量比较大的微博,吸引关注,积累粉丝。

步骤 4:在微博发表话题。打开微博首页,在首页的发布框下面,点击"话题",再点击插入话题(见图 6.27)。

图 6.26　登录账号

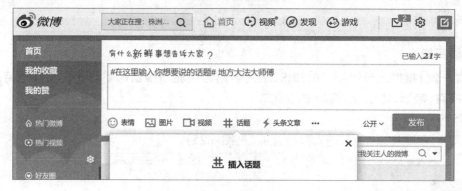

图 6.27　发布话题

步骤 5:在两个#号之间输入你要写的话题,并编辑微博内容(见图 6.28)。

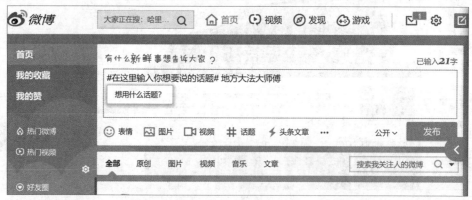

图 6.28　编辑微博内容

友情提示

微博内容构思要突出趣味性、相关性和实用性。

2.论坛推广

步骤 1:在百度搜索出合适的育儿论坛,如妈妈网、宝宝树等,这里以宝宝树网站为例。

进入首页(见图 6.29)。

图 6.29　宝宝树首页

步骤 2:注册账号。点击首页右上角的注册菜单,进入注册页面(见图 6.30)。

步骤 3:注册完毕,登录账号(见图 6.31)。

图 6.30　用户注册　　　　　　　　　　图 6.31　登录账号

步骤 4:在社区选择合适的圈子,如在搜索栏输入"辅食",查找有关婴幼儿食品的圈子(见图 6.32)。

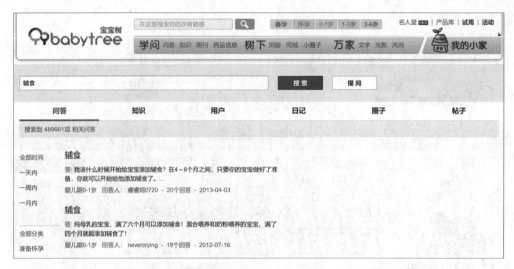

图 6.32　搜索合适的板块

步骤 5：选择一个圈子，点击圈子名称打开圈子，在右侧点击"加入圈子"，加入该圈（见图 6.33）。

图 6.33　加入圈子

步骤 6：点击帖子右上方的"发表新主题"发帖（见图 6.34、图 6.35）。

友情提示

帖子发出后，要进行跟踪和维护，和网友互动，及时地顶帖，可以使帖子始终处于论坛的首页，以便让更多的网民看到企业所传递的信息。维护帖子时，适当地从反面角度去辩驳，挑起话题，可以把帖子炒热，吸引更多网民的注意。

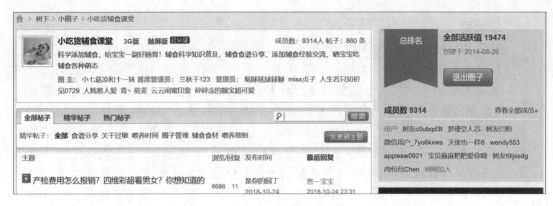

图 6.34　发表新主题

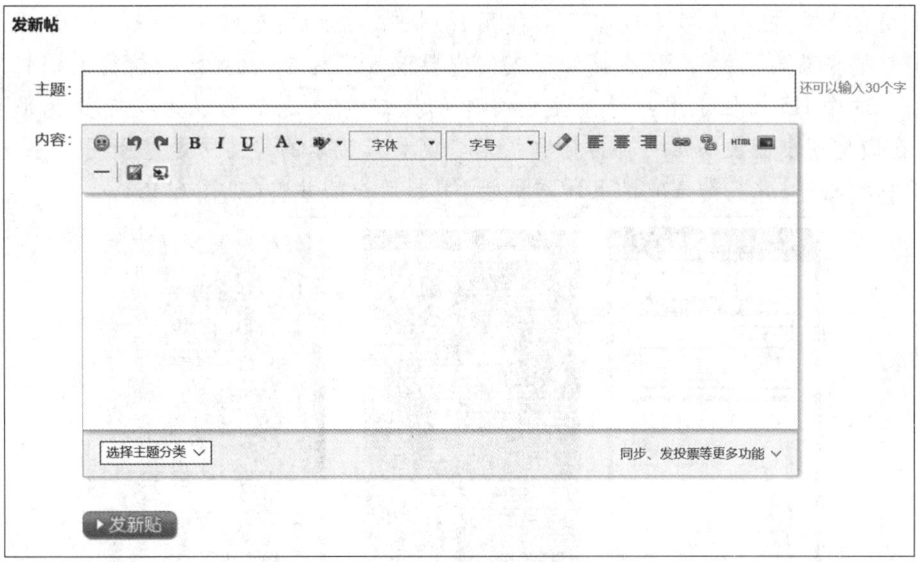

图 6.35　编辑帖子内容

3.短视频推广

下载短视频软件,录制一段与产品有关的有趣的短视频,发布到网上。

活动评价

陈伟和营销团队成员在社会化媒体上进行精心的规划和维护,公司的信息得到有效的宣传。比如,在微博上发送样品,消费者反馈和品牌传播效果远优于线下。粉丝之间转发信息,传播话题,影响了许多用户的消费行为。经过一段时间的经营,公司积累了不少粉丝和潜在客户,提高了公司网站的知名度。

活动2　引爆社会化媒体营销

活动背景

经过一段时间的经营,公司已经通过社会化媒体渠道,获得了一定的宣传效果,接下来,陈伟打算采取策略,打造新一轮推广的热潮。

知识窗

社会化媒体营销常见的推广策略：

1.病毒式营销

病毒式营销是指发起人发出产品的最初信息到用户,再依靠用户自发的口碑宣传,是社会化媒体营销中一种常用而有效的方法。它关注人们的口碑传播在新媒体技术下如何形成热议话题,也叫蜂鸣营销、网络口碑营销。病毒式营销更加注重"传播",其本质是一种"传播机制"。在这种营销模式下,信息通过用户的口碑传播网络,像病毒一样传播和扩散,通过快速复制传向数以千计甚至数以百万计的受众。

2018年来自网易的H5《你的使用说明书》在朋友圈引起刷屏。它根据你对几段音乐的判断,得出三句关于你的使用说明,例如"遇到香喷喷的东西会变圆""起床时容易爆炸"等,扫码立即生成自己的使用说明书。就如同星座一样,这个H5抓住了人们想要了解自己的心理,也抓住了人们想要他人了解自己的心理,使得人们自发地传播。这个H5抓住了用户愿意主动分享的点,"分享这个可以为我在社交平台加分"在微信朋友圈像病毒一样传播和扩散。网易云音乐的传播总是基于用户出发,揣摩用户的心理,并且结合它的品牌与调性,引起用户的共鸣(见图6.36)。

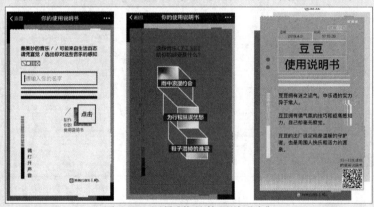

图6.36　网易《你的使用说明书》

2.话题营销

话题营销主要是运用媒体的力量以及消费者的口碑,让广告主的产品或服务成为消费者谈论的话题,以达到营销的效果。这种方式所带来的营销效益是传统方式的3~5倍。

3.影响力营销

越来越多的消费者如今已经不再相信广告,甚至对于网上的广告视而不见,却有大量的人愿意相信他们认为可以信任的人给的建议和推荐。比如说,亲朋好友的使用推荐,网上有相同经历的陌生人、专业博主或者一些自媒体意见领袖、垂直小号、知名人士、明星大腕等的推荐,有人向他们保证某样商品很好、很值得买,在这种情况下,他们一般会做出购物选择。意见领袖在社会化媒体关系链中居于关键节点的地位,是广大网民们关注的中心,其传播的信息能够有效影响舆论,对产品推广能起到极大的推动作用。

活动实施

【做一做】根据已学的社会化媒体营销策略知识,选取一件婴幼儿商品制订推广方案并实施。

1.小游戏推广

步骤1:在百度搜索"易企秀",利用"易企秀"制作一个 H5 游戏互动页面(见图6.37)。

图 6.37　易企秀首页

步骤2:在微信上发布页面,吸引好友参与互动(见图6.38)。

图 6.38　小游戏页面

2.网络名人推广

步骤1:进入微播易首页(见图6.39)。

图 6.39　微播易首页

步骤 2：单击"免费注册广告主"，以公司名义注册（见图 6.40）。

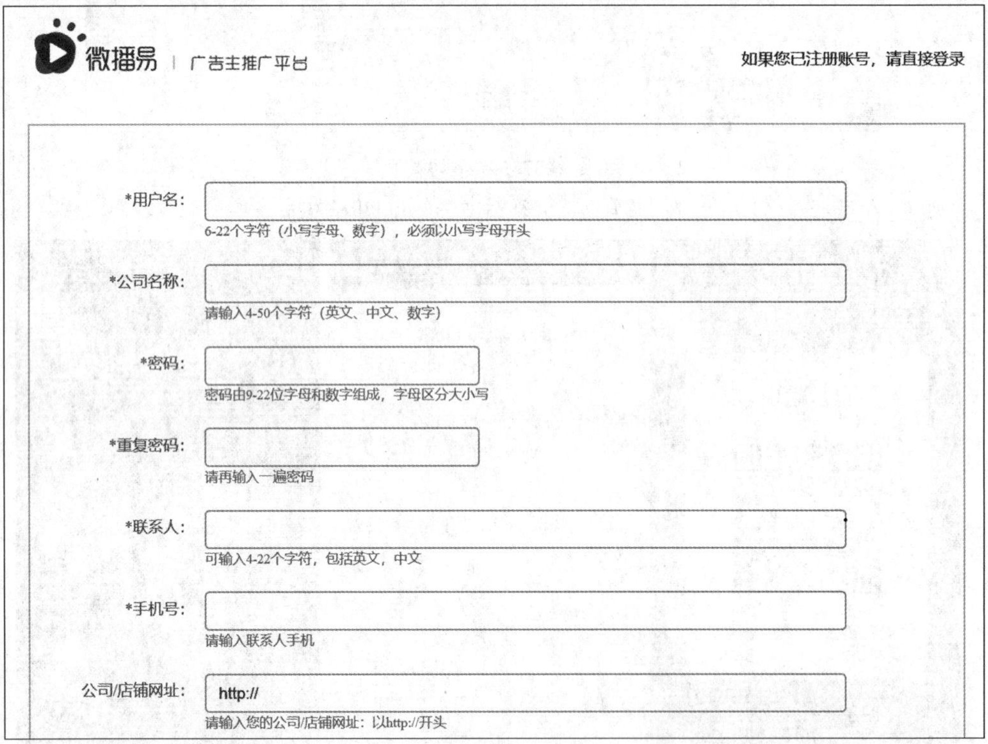

图 6.40　注册微播易

步骤 3：登录微播易账号，单击右上角"创建活动"（见图 6.41）。

步骤 4：微播易平台涵盖了微信、自媒体、直播等的媒体资源。我们以新浪微博为例，单击"新浪微博"，再单击预约活动（见图 6.42）。

步骤 5：创建"预约活动"分三步走。首先，填写预约需求（见图 6.43）。

步骤 6：选择与企业营销目标契合的网络名人（见图 6.44）。

步骤 7：提交已选账号，提交预约活动订单（见图 6.45）。

图 6.41　登录微播易账号

图 6.42　预约活动

图 6.43　填写预约需求

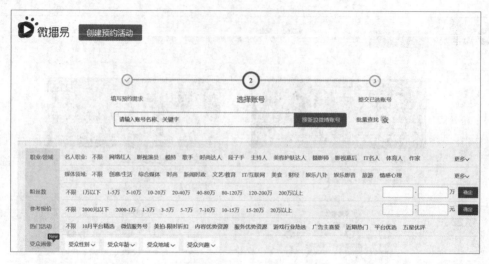

图 6.44　选择账号

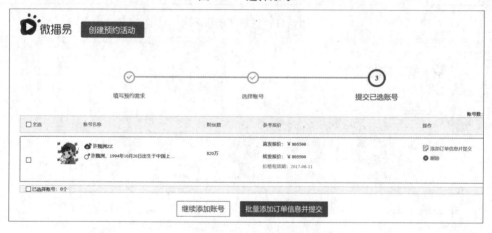

图 6.45　提交已选账号

活动评价

陈伟通过策划营销内容,引导用户参与传播,成员产生的内容成为内容吸引力的主要来源,通过互动,用户成为营销信息的制造者和传播者,公司社会化媒体上的粉丝数呈裂变式增长。

合作实训

实训任务:恒福堂是一家由大学生创立的公司,该公司集生产、销售、科研为一体,定位于向大学生以及年轻人售卖品种多样、美味的健康零食。在学生开学之际,公司计划开展社会化媒体营销活动,进行品牌宣传,吸引更多的粉丝关注企业品牌,以不断提升企业品牌的社会认知度,建立与目标客户的良好互动关系。根据所给案例,策划实施恒福堂的社会化媒体营销活动方案(见图6.46)。

实训目的:通过实训帮助学生了解社会化媒体营销策划实施的基本程序、技能要求以及培养学生团队合作精神。

图 6.46　恒福堂的推荐食品

　　实训过程:学生通过小组(每组 5~6 人,推选一名组长,由组长根据小组情况进行任务分工)共同策划恒福堂的社会化媒体营销活动方案。

　　步骤 1:对企业的产品和营销目标进行分析,明确产品特点、营销活动的目标和营销效果的衡量指标。

　　步骤 2:针对恒福堂公司健康零食产品,分析研究"客户是谁",找准目标市场,进行客户购买心理及其影响因素分析。

　　步骤 3:科学选择社会化营销的媒体,对每个平台的数据使用情况,人群特点,使用习惯进行了解,列出适合企业需要的社会化媒体平台。

　　步骤 4:设计社会化营销活动策划主题:"开学 fun 开吃"。

　　步骤 5:撰写社会化营销推广活动方案软文,确定推广的网站。

　　步骤 6:把活动方案发布到网站上。

　　步骤 7:费用预算。会员费 50 元/个,在各网站上发布广告 60 元/条,社区活动 200 元/场。

　　步骤 8:撰写营销方案,确定开展社会化营销的时间:2 个月(3 月至 4 月底)。

　　步骤 9:采集活动数据,进行营销效果评估。

任务 3　玩转微营销

情境设计

　　云(孕)Baby 母婴与怀孕育儿网上商城的客户群是年轻的父母,大多数妈妈平时由于照顾小孩,并没有太多时间上网、逛论坛或者参加其他的营销活动,但她们几乎都有使用手机进行社交和购物的习惯。

　　考虑到这一点,陈伟决定使用微营销的手段进行网上商城的推广。

任务分解

　　经过考虑,陈伟以微信作为本公司微营销的主要平台,并把创建和管理公众号的任务交给活动专员张旭去完成。

活动1　玩转微营销

活动背景

微营销起步阶段,如何多渠道吸引顾客关注,利用微营销的便利快捷积累会员,是陈伟迫切需要解决的问题。

> **知识窗**
>
> 1.微营销的定义
>
> 微营销是指企业或非营利组织利用微信、微博、微视频、二维码等新兴社会化媒体影响其受众,通过在微介质上进行信息的快速传播、分享、反馈、互动,从而实现市场调研、产品推广、客户关系管理、品牌传播、危机公关等功能的营销行为。其以移动互联网为主要沟通平台,配合传统网络媒体和大众媒体,通过有策略、可管理、持续性的线上线下沟通,建立和转化、强化顾客关系,实现客户价值的一系列过程。
>
> 2.微营销的工具
>
> (1)微博
>
> 微博是一种通过关注机制分享简短内容的广播式的社交网络平台,内容简短。微博营销的核心是与感兴趣的人交流互动与分享经验,并在互动中传播自己的品牌,例如分享照片、爱好、趣事、感动等。
>
> (2)微信
>
> 微信自2011年12月诞生以来,被定义为一款即时通信应用软件。用户只要通过手机、平板电脑的客户端或网页版登录,就可快速发送语音、视频、图片及文字,并实现多用户之间的聊天。此外,微信还具备朋友圈、公众平台和消息推送等功能;通过搜索号码、摇一摇、扫描二维码、附近的人等方式也可以让微信用户找到自己感兴趣的朋友或平台;朋友圈功能则可将其用户浏览到的精彩内容轻松分享给自己的微信好友。微信的巨大功能将实际社交与虚拟社交紧密结合,使人与人之间的交流、互动、传播更容易,这也使微信上的信息传播极具病毒模式——几何级数的扩散速度和爆发式的影响力,因此微信平台成为企业开展营销的重要网络平台。
>
> (3)微视频
>
> 微视频之所以称为"微"是因为它的时间很短,最短只有30 s,长的也不过20 min,但是视频内容涉及广泛,从小电影到纪录短片、广告短片、视频剪辑等,多种多样。微视频营销指的是通过手机、摄像机、MP4等多种视频终端上传到互联网上,达到一定宣传目的的营销手段。
>
> 企业的微视频营销主要有4种,如图6.47所示。
>
> (4)二维码
>
> 二维码营销是指通过对二维码图案的传播,引导消费者扫描二维码,来推广相关的产品资讯、商家推广活动,刺激消费者进行购买行为的新型营销方式。拍摄二维码后,常见的营销互动类型有视频、电商、订阅信息、社会化媒体和商店地址等。二维码

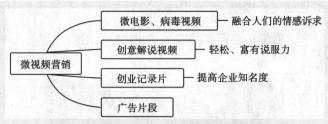

图 6.47　微视频营销种类

作为整体互联网商业营销服务的入口轻松打通商户线上线下发展瓶颈,精准、细分地推送营销信息,便于对用户来源、路径、扫码次数等进行统计和科学化分析。

例如 2016 年共享单车流行,就是借助二维码。

扫一扫二维码(见图 6.48),就可以轻松骑车,用户随停随取,极大地方便了用户城市最后一千米的短途出行。

图 6.48　共享单车二维码营销

活动实施

【看一看】支付宝公司的微信小编和微博小编唱双簧。

"66 信用日",蚂蚁金服董事长彭蕾微博晒自己的蚂蚁信用分,支付宝微博小编嘴欠被约谈(见图 6.49)。

图 6.49　支付宝公司的微信小编和微博小编唱双簧 1

好事的微信小编立刻发文嘲笑:微博小编可能要被开了,哈哈哈(见图 6.50 和图 6.51)。

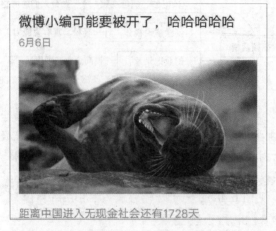

图 6.50　支付宝公司的微信小编和微博小编唱双簧 2

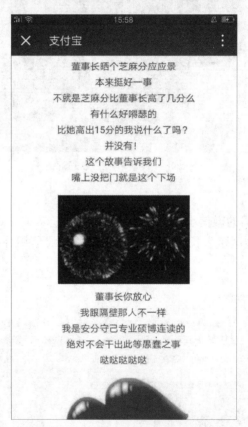

图 6.51　支付宝公司的微信小编和微博小编唱双簧 3

微博小编立刻怼回去:造谣转发超过 500 可是要坐牢的(见图 6.52)。

图 6.52　支付宝公司的微信小编和微博小编唱双簧 4

好戏还没完。一个月后,微博小编求"脑洞"送花呗红包(见图 6.53)。

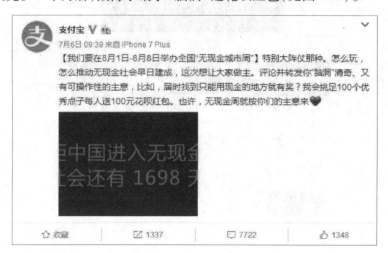

图 6.53　支付宝公司的微信小编和微博小编唱双簧 5

看到微博小编搞事情,微信小编立刻来了精神,你送 100 我送 101,"就是怼微博小编"(见图 6.54)。

微博小编火速回拍:你个小妖精(见图 6.55)。

一边嘴里"怼"着,一边却专门发文给人家吆喝。只是语气很傲娇:丑话说前头,要礼物去微博留言,我这里不送的(见图 6.56)。

都说三个女人一台戏,但支付宝公司的微信小编和微博小编两个戏精凑到一起,就上演了无数台吸粉大戏。

【议一议】支付宝公司的微信小编跟微博小编的隔空对唱,相互调侃,引来了无数吃瓜观众,打开了话题,从中你学到了什么?

图 6.54　支付宝公司的微信小编和微博小编唱双簧 6

图 6.55　支付宝公司的微信小编和微博小编唱双簧 7

你无法在支付宝里找到这个东西

2017-09-20　支付宝

因为根本就不会在支付宝App里推呀，你上哪找。

这是个新玩意，微博小编会把好玩的内容编成支付宝老黄历，不定时发布在微博上，大家可以去微博评论区留言，他会选出好玩的留言，并送出小礼物。丑话说前头，要礼物去微博留言，我这里不送的！

图 6.56　支付宝公司的微信小编和微博小编唱双簧 8

【想一想】假设你是云(孕)Baby 母婴与怀孕育儿网上商城的推广专员,根据网上商城及客户群的特点,请你找出适合推广公司网上商城的微营销模式。

活动评价

经过对微博、微信、微视频、二维码营销的了解,陈伟有了更多的推广方法助力团队的营销。

活动2　策划微信营销

活动背景

如何通过多渠道吸引更多顾客关注,稳固粉丝群体,是陈伟这一阶段需要解决的问题。陈伟决定运用微营销进行探路。

知识窗

1.微信的功能

微信平台具有多元化的功能,给网民带来了很好的体验,同时也为企业的营销活动提供了丰富的渠道和功能(见图6.57)。

图6.57　微信平台

(1)公众平台

微信公众平台作为微信的一种独特功能,是微信成为网络信息的一个强大集散中心,微信将公众号划分为服务号、订阅号、小程序、企业微信4种类型。

服务号为企业和组织提供更强大的业务服务与用户管理功能,主要偏向服务类交互,适用的客户是媒体、企业、政府或其他组织。对群发限制的次数是 1 个月(按自然月)内可发送 4 条群发消息。

订阅号为媒体和个人提供一种新的信息传播方式,主要功能是在微信端给用户传达资讯,适用的客户是个人、媒体、企业、政府或其他组织。对群发限制的次数是 1 天内可群发 1 条消息。

微信小程序是一种新开发的功能,开发者可以快速地开发一个小程序。小程序可以在微信内被便捷地获取和传播,同时具有出色的使用体验。对于用户来说,小程序是一种不需要下载安装即可使用的应用。当用户关注了一个"应用号"之后,就相当于安装了一款 APP。在"应用号"内,用户就可以实现对 APP 的一些基本诉求。实现了应用"触手可及",用户扫一扫或者搜一下即可打开应用。

企业微信是企业的专业办公管理工具,提供丰富免费的办公应用,并与微信消息、小程序、微信支付等互通。

（2）即时通信功能

即时通信功能是微信作为移动通信平台的核心功能，也是最基本的功能。这个功能满足了人们随时与好友联系的需求，同时几乎不产生通信费用，只要有足够的流量即可。微信的文字、图片、语音和视频交流，全方位地满足了人们的沟通需求，大大提高了人们进行交流的频率和便捷性。因此在即时通信领域，微信具有很强的用户黏性。

在即时通信功能的基础上，微信又开发了很多其他功能，如图片分享、小视频分享、位置共享、发红包、转账、卡券和群聊天等。微信的群聊功能使用户可以形成一个个具有特定目的的群组，群组成员之间可以互相激发，进而维持群组的活跃度，进一步提升用户的活跃度。

（3）朋友圈

微信朋友圈是微信的特色功能之一，它可以使用户的分享内容被通信录里的授权好友看到，同时好友还能给予反馈——点赞或评论。由于微信主要的使用环境是移动终端，所以用户可以实时看到朋友圈里的其他好友当前分享的内容。朋友圈强大的信息分享和传递能力，使微信朋友圈已经成为商业化广告的手段之一，对用户产生了潜移默化的影响。

（4）扫一扫

扫一扫功能原本是用户扫描微信推出的专属二维码，通过扫描可以直接添加好友。微信5.0版本对扫一扫功能进行了升级，除了可以扫描二维码外，还可以扫描条形码识别商品；扫描书本封面识别书本，并提供几个电子商务平台的购买链接；扫描英文单词可以实时翻译；扫描街景可以获取附近的街道地图等。

（5）摇一摇

通过摇一摇搜寻同一时刻也在摇一摇的人。摇一摇有个典型的应用场景，就是在人群聚集（比如开会）时，通过摇一摇直接添加大家为好友；当开启摇一摇搜歌后，摇一摇移动设备，还可以自动识别歌曲。

2.微信的营销模式

微信营销的主流模式有3种。

（1）内容类营销

内容类营销指通过图片、文字、声音、动画等传递与企业相关的内容，以促进销售或与客户建立良好的关系。

（2）工具类营销

它是指运用微信的一些小工具来开展营销的模式，如摇一摇、扫一扫等。

（3）会员制营销

微信会员制营销类似于电子会员卡模式，关注企业公众号后可以成为会员，出示手机上的电子会员卡就可以享受会员价。企业可以通过公众号群发优惠活动信息。

活动实施

【做一做】以4~5人为一个小组,申请一个微信公众号,并构思一个具体的方案进行微信推广。

(1)在微信平台建立公众号

步骤1:打开微信公众号平台,单击"立即注册"(见图6.58)。

图6.58 微信公众平台首页

步骤2:选择注册的账号类型(见图6.59)。

图6.59 选择注册的账号类型

步骤3:以选择订阅号注册为例,填写邮箱信息,到邮箱获取验证码,填写验证码,设置密码后单击"注册"(见图6.60)。

| 1 基本信息 —— 2 选择类型 —— 3 信息登记 —— 4 公众号信息 |

每个邮箱仅能申请一种账号 ❓

邮箱 [　　　　　　　　　　] [激活邮箱]

作为登录账号,请填写未被微信公众平台注册,未被微信开放平台注册,未被个人微信号绑定的邮箱

邮箱验证码 [　　　　　　　　　　]

激活邮箱后将收到验证邮件,请回填邮件中的6位验证码

图 6.60　填写基本信息

步骤 4:选择企业注册地(见图 6.61)。

| 1 基本信息 —— 2 选择类型 —— 3 信息登记 —— 4 公众号信息 |

请选择企业注册地,暂只
支持以下国家和地区企业
类型申请账号

[中国大陆 ▼]

智利
中非共和国
中国澳门
中国大陆
中国台湾
中国香港

图 6.61　选择注册地

步骤 5:根据需要,选择合适的账号类型(见图 6.62)。

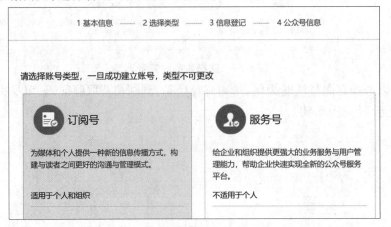

| 1 基本信息 —— 2 选择类型 —— 3 信息登记 —— 4 公众号信息 |

请选择账号类型,一旦成功建立账号,类型不可更改

📋 订阅号

为媒体和个人提供一种新的信息传播方式,构建与读者之间更好的沟通与管理模式。

适用于个人和组织

👥 服务号

给企业和组织提供更强大的业务服务与用户管理能力,帮助企业快速实现全新的公众号服务平台。

不适用于个人

图 6.62　选择账号类型

步骤6:选择账号主体类型,进行用户信息登记。这里以个人类型的账号为例,填写账号管理者的身份信息,并用手机进行验证(见图6.63)。

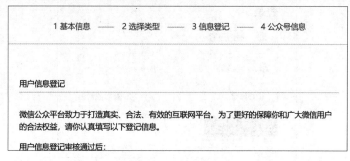

图 6.63　填写管理者信息

步骤7:单击"继续"按钮后,进入公众号信息页面,填写公众号的账号名称、功能介绍和运营地区信息,提交后,公众号就注册成功了(见图6.64,图6.65)。

图 6.64　填写公众号信息

图 6.65　完成注册

步骤8：登录账号（见图6.66）。

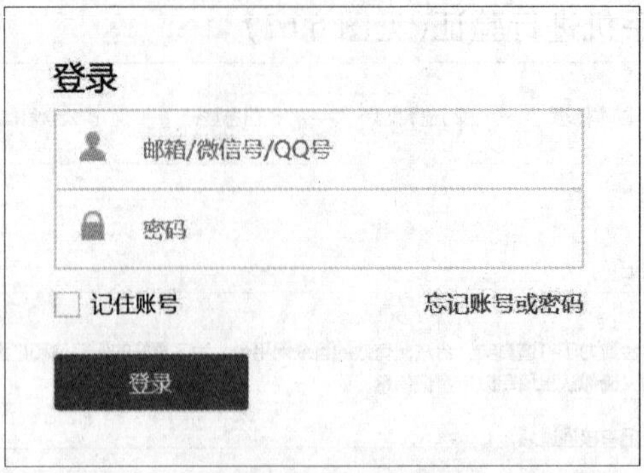

图6.66　登录账号

步骤9：进入公众号后台后，点击右下角"新建群发"（见图6.67）。

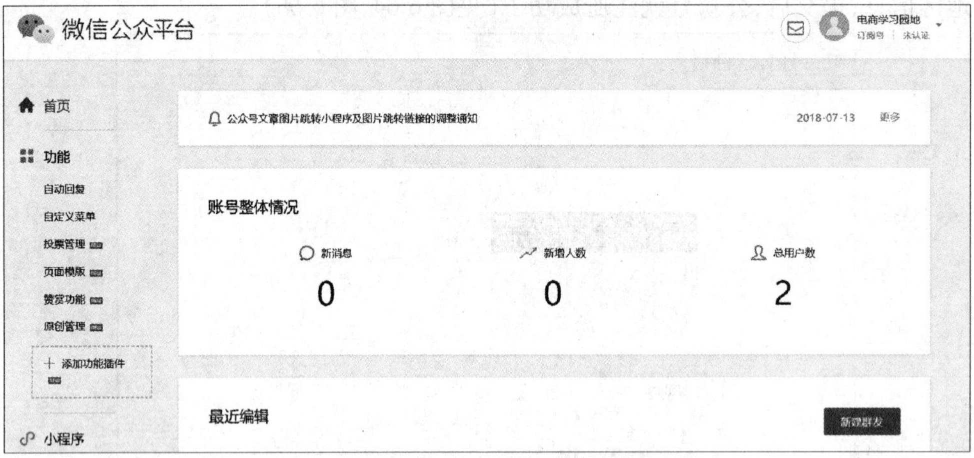

图6.67　微信订阅号后台

步骤10：在"新建群发"页面中编辑群发内容（见图6.68）。

图6.68　编辑群发内容

【搜一搜】在百度搜索一个微信公众号排版工具,例如"秀米",了解秀米的用法。

(2)阅读以下参考案例后,构思一个具体推广方案进行微信推广。

①许可式的互动推送。微信营销属于"许可式"的,只有在得到用户许可后,品牌方可展开对话。微信粉丝都是主动关注的、对商家的业务感兴趣的一类人群。这部分用户可以被明确定义为品牌的忠实用户。

案例:星巴克《自然醒》

当用户添加"星巴克"为好友后,用微信表情表达心情,星巴克就会根据用户发送的心情,用《自然醒》专辑中的音乐回应用户(见图 6.69)。

图 6.69　星巴克《自然醒》

通过一对一的推送,品牌可以与"粉丝"开展个性化的互动活动,提供更加直接的互动体验。

②聊式对话微信。微信还起到 CRM 的作用,一对一的对话具有私密性,通过和顾客的沟通巩固老客户。但由于陪聊式的对话更有针对性,所以品牌无疑需要大量的人力成本投入。

案例:飘柔

飘柔在快消品品牌中运用了陪聊式微信营销,并且做得比较成功。首先,飘柔在微信中以"小飘"为昵称,关注飘柔微信公众号后,用户会发现"小飘"不仅能陪聊,而且还能唱歌、做星座运程指导。这种私密聊天的需求,尽管很受用户的欢迎,但是随着用户的数量增多,就需要更多的专职人员来进行维护,当有限的客服面对无限增长的用户的时候,就会影响收听者体验。一对一的沟通方式,交流更加深入,容易培养忠实客户,但缺点是人力成本高,管理客户数量受限制,适合奢侈品行业。

③活动式——漂流瓶。微信官方可以对漂流瓶的参数进行更改,使得合作商家推广的活动在某一时间段内抛出的"漂流瓶"数量大增,普通用户"捞"到的频率也会增加。加上"漂流瓶"模式本身可以发送不同的文字内容甚至语音小游戏等,如果营销得当,也能产生不错的营销效果。

案例:招商银行的"爱心漂流瓶"(见图 6.70)。

据统计,在活动期间,用"漂流瓶"或者"摇一摇"功能有 1/10 的概率遇到"招商银行点亮蓝灯",关注招商银行便会通过"小积分,微慈善"平台为自闭症儿童捐赠积分。

④社交分享——第三方应用。微信开放平台是微信4.0版本推出的新功能,应用开发者可通过微信开放接口接入第三方应用。还可以将应用的LOGO放入微信附件栏中,让微信用户方便地在会话中调用第三方应用进行内容选择与分享。

案例:美丽说×微信

用户可以将美丽说中的内容分享到微信中,可以使一件美丽说的商品信息在微信中得到传播。由于微信用户彼此间具有某种更加亲密的关系,所以当美丽说中的商品被某个用户分享给其他好友后,相当于完成了一个有效到达的口碑营销(见图6.71)。

⑤地理位置推送——LBS。品牌点击"查看附近的人"后,可以根据自己的地理位置查找到周围的微信用户。然后根据地理位置将相应的促销信息推送给附近用户,进行精准投放。

图6.70　招商银行的"爱心漂流瓶"

图6.71　美丽说 微信

案例:K5便利店新店推广

K5便利店新店开张时,利用微信"查看附近的人"和"向附近的人打招呼"两个功能,成功进行基于LBS的推送。商家在员工微信"个性签名"写上自己的广告,通过微信结合了LBS功能的"查看附近的人"可以让附近的微信用户就能看到商家的信息(见图6.72)。

⑥O2O模式——二维码。在微信中,用户只需用手机扫描商家的独有二维码,就能获得一张存储于微信中的电子会员卡,可享受商家提供的会员折扣和服务。企业可以设定自己品牌的二维码,用折扣和优惠来吸引用户关注,开拓O2O营销模式。

图 6.72 K5 便利店新店推广

案例:肯德基 WOW 会员。

2015 年肯德基 WOW 会员陆续登陆北京、南京、青岛、苏州、杭州、成都、广州 7 个重要城市,成为 WOW 会员,不仅今后消费的每一块钱都可以变成积分,更可以享受招牌产品免费兑等专属"福利"。只需扫描二维码,即可进入肯德基会员页面,直接输入姓名、生日等简单信息,便可注册成为肯德基 WOW 会员。

活动评价

陈伟和张旭最终搭建了公司的微信公众号,通过几次微信营销活动招募到一批商城会员。在实施任务的过程中,陈伟更深入了解了微信的功能并进一步掌握了微信的营销模式。

合作实训

实训任务:"果色天香"是位于某高档小区的一家水果店,店里的水果都是由老板自己派人过去精挑细选之后送回店里贩卖,货源主要来自批发市场。但由于无法掌握市场的需求,部分进回来的高档水果由于不能及时卖出而烂掉只能丢弃,小区的规模有限,店铺客户群很难扩大。

请你策划一次推广活动,充分利用微信营销平台的功能进行传播扩散。

实训目的:通过实训帮助学生初步掌握微营销的基本程序、技能要求,了解微信平台的功能和使用。

实训过程:步骤 1:对"果色天香"水果店的营销目的和客户群进行分析,明确这次活动要达到的目标,挖掘目标客户的刚性需求。

步骤 2:确定营销活动的策略,明确宣传的媒介(文字、图片、声音还是视频),活动的周期(一次性活动还是一系列活动),活动的形式和内容。

步骤 3:活动内容和制作。撰写文案并制作相应素材。

步骤 4:客户信息收集。

通过收集客户数据,形成自身数据库,从而进行二次利用。一般可以通过客户注册或者逐步通过客户浏览行为在不知不觉中获取客户的个人信息。

步骤5:活动评估

记录本次活动中浏览者的评价量、转发量和点赞数等评价指标。

项目总结

网络营销中软性营销又称柔性营销,相对于传统的强势营销、硬广告而言,软性营销中企业以友好的方式宣传自己,淡化营销过程中的商业活动,尊重消费者的感受与体验。软性营销与强势营销的根本区别在于:软性营销主动方是消费者,而强势营销主动方是企业。本项目介绍了网络文案推广、社会化媒体营销、微营销这几种软性营销方式。

网络文案推广是以当今互联网为媒介的一种推广方式,网络营销推广不仅要提高企业或产品的知名度,而且要提升客户的转化率,使企业获得更多的收益。

在社会化媒体营销中,由于网站的内容大多是由用户自愿提供的,用户与站点不存在直接的雇佣关系,这就需要运用社交思维,而不是传统思维模式。

微营销是传统营销与现代网络营销的结合体,是以移动互联网作为主要沟通平台,通过线上线下的沟通,建立和强化与顾客间的关系,实现顾客价值的一系列过程。

项目检测

1.单项选择题

(1)微营销使用(　　)为沟通平台。

A.移动互联网　　　　　B.手机网络　　　　　C.传统宽带　　　　　D.微信、微博

(2)网络文案中重要的元素是(　　)。

A.页码　　　　　　　　B.页眉　　　　　　　C.软文　　　　　　　D.标注

(3)1999年第一个借助软文火爆促销的保健品是(　　)。

A.巨人　　　　　　　　B.三株　　　　　　　C.红桃K　　　　　　D.脑白金

(4)以下哪一项不属于社交媒体平台微博的功能。(　　)

A.可以创建话题　　　　　　　　　　B.发布文字内容不超过140字符

C.可以分享图片　　　　　　　　　　D.可以分享视频

(5)微信订阅号一天可以群发(　　)条消息。

A.4　　　　　　　　　　B.1　　　　　　　　C.30　　　　　　　　D.无限制

(6)网络文案写作的三要素不包括(　　)。

A.亮点　　　　　　　　B.产品　　　　　　　C.用户　　　　　　　D.卖点

2.多项选择题

(1)微信公众平台的账号类型包括(　　)。

A.服务号　　　　　　　B.订阅号　　　　　　C.小程序　　　　　　D.用户号

(2)网络文案常用的类型有(　　)。

A.故事型　　　　　　　B.诱惑型　　　　　　C.悬念型　　　　　　D.新闻事件型

(3)用来围绕特定的话题展开讨论的在线平台是(　　)。

A.QQ　　　　　　　　　B.微信　　　　　　　C.论坛　　　　　　　D.博客

（4）以下哪几项属于以视频分享为主的社交媒体平台。（　　　）

A.激萌　　　　　　　B.抖音　　　　　　　C.快手　　　　　　　D.知乎

3.简述题

（1）简述什么是社会化媒体营销。

（2）简述网络文案常见的投放渠道和方式有哪些。

（3）以"双十一"某产品促销活动为题材,请写出你能想到的软文标题(至少 3 条)。

（4）网络文案推广效果的评估有哪些方法?

（5）简述社会化媒体营销常见的推广策略。

（6）简述网络文案推广的实施步骤。

www.🛒.com

项目 7　网络营销效果评估

项目综述

云(孕)Baby 母婴与怀孕育儿网上商城开展网络营销推广已经有一段时间,但销量没有达到预期目标,为解决网上商城网络营销推广效果不好、销量跟不上的问题,陈伟对整个网上商场进行一次网络营销效果监控与评估,并及时分析原因,总结能带来实际经济效益的网络营销推广手段,从而改进网络营销推广方式,积累数据,为以后的业务开展积累经验。

项目目标

通过本项目的学习,应达到的具体目标如下:

知识目标

➤ 了解网络营销效果监控与评测
➤ 掌握网络营销效果评测的指标
➤ 理解网络营销效果评测的内容
➤ 理解网络营销效果评测的作用
➤ 掌握网络营销效果评测的方法
➤ 掌握网络销售数字监控的方法
➤ 掌握流量统计分析的常用指标
➤ 熟悉流量统计分析的工具

技能目标

➤ 能制订出简单的网络营销效果评测的设计方案

➤ 能对网络营销效果评测的策略进行简单分析

➤ 学会网络销售数字监控

➤ 能对网络销售数字进行分析、总结,撰写报告

➤ 能从流量统计中发掘机会

➤ 能对网站流量进行分析、总结,撰写报告

情感目标

➤ 学会对网络营销效果评估与监测的分析能力

➤ 培养学生发现问题、解决问题的能力

➤ 培养学生有关网络营销人才的岗位技能和素养要求

➤ 养成细致严谨的工作态度

项目任务

任务 1　监控与评测网络营销效果

任务 2　流量转化

任务 1　监控与评测网络营销效果

情境设计

目前云(孕)Baby 母婴与怀孕育儿网上商城已经运用了不少网络营销手段,如投放网络广告、优化网站等,钱也花了不少,但没有达到预期效果。于是接下来要不断提高网络广告投放技术和精准化程度,要确认和找回浪费的广告费,以及网站优化是否符合当今发展需要,这些都是急需解决的问题。

任务分解

陈伟拟通过本任务落实网络营销效果监控与评测,为此他制订了一个方案,并把任务分配给做直投的黄静和李龙完成。

任务实施

活动 1　认识网络营销效果评测

活动背景

黄静和李龙为了完成陈伟分配的任务,他们借助网络学习了网络营销效果评测的常用指标、内容和具体评测方法,结合云(孕)Baby 母婴与怀孕育儿网上商城的情况,进行分析和

总结,以书面形式汇报给陈伟。

知识窗

1.网络营销效果评测的定义

网络营销效果评测指的是用一系列的评价指标对开展网络营销的企业的网站访问量、产品销量和客户服务等方面进行有效、客观、全面、综合的评测,为企业今后做网络推广起到指引作用,从而帮助企业实现预期的经营目标。

网络营销效果评价的特征:互动性、虚拟性、客观性、快捷性、有效性、全面性、综合性、全球性。

2.网络营销效果评测的常用指标

(1)访问量(Page View,PV)

访问量即页面浏览量或点击量,用户对网站中的每个网页每访问1次均被记录1次。用户对同一页面的多次访问,访问量累计。

(2)浏览时间

浏览时间就是网民在网站或网页浏览、停留的时间,是用户体验分析及流量质量监控的重要指标。而站点停留时间(Time on Site,TS)和 页面停留时间(Time on Page,TP),它们之间的关系如图7.1所示。

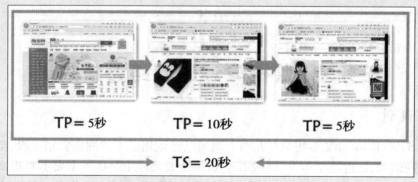

图7.1 TP与TS的关系

(3)印象数

广告每一次显示,称一次印象。被统计印象数的对象包括Flash广告、图片广告、文字链广告、软文、邮件广告、视频广告、多媒体广告等多种广告形式。

(4)点击数

点击广告的次数,称为点击数或点击量。

(5)点击率

广告点击量与广告展示量之比,称为广告点击率,该值可以反映广告对网民的吸引程度。

$$点击率 = \frac{广告点击量}{广告展示量}$$

(6)到达率

广告到达量是指网民通过点击广告进入推广网站的次数,而广告到达量与广告点击量的比值称为广告到达率。广告到达率通常反映广告点击量的质量和广告页的加载效率,是判断广告是否存在虚假点击的指标之一。

(7)成功注册数

成功注册数指的是用户被浏览的广告或网站成功引导注册的人数。

(8)转化率

转化是普通浏览者的身份产生转变的标志,转化率可以理解为通过点击广告进入推广网站的普通浏览者转化成为注册用户或购买用户的比例。一般如注册成功页、购买成功页、下载成功页等特定页面的浏览量称为转化量。广告用户的转化量与广告到达量的比值称为广告转化率,它通常反映广告的直接收益。

3.网络营销效果评测的步骤

网络营销效果评测通常分以下 4 步,如图 7.2 所示。

图 7.2　网络营销效果测评步骤

(1)确定营销目标

网络营销人员必须明确定义网站目标。这个目标是单一的、可以测量的。

(2)计算营销目标的价值

明确了营销目标后,还要计算出营销目标达成时对企业带来的价值。

(3)记录网站目标达成的次数

每当有用户来到订单确认完成网页,流量分析系统会记录网站目标达成 1 次;有用户访问电子杂志订阅确认页面或感谢页面,流量系统也会相应记录网站目标达成 1 次;有用户打电话联系客服人员,客服人员会访问用户是怎样知道电话号码的,如果是来自网站,也应该作相应记录。目前,网站流量分析系统可以记录网站目标达成的次数。

(4)计算营销目标达成的成本

如果是计算网站目标达成的成本,可以在竞价排名后查看这一段时间的点击费和总额、点击次数等数据,从而计算成本。有时候也可以按照经验进行一定的估算。如果是计算论坛营销的成本,则需要计算花费的人力、时间及工资,然后换算出所花费的费用。

4.网络营销效果评测的作用

网络营销效果的评估,不仅能对企业的营销活动做出客观的评价,而且可以对企业以后的营销推广起到有效的指导意义,它对于提高企业的广告效益,具有十分重要的意义。

①有利于改善企业线下的市场营销。
②是企业开展网络营销活动的重要保证。
③有利于提高企业的知名度。

活动实施

【做一做】以腾讯分析流量统计网站评测某网站网络营销效果。

步骤1:认识国内各专业流量分析平台(见图7.3—图7.5)。

图7.3 "我要啦"网站访问分析平台

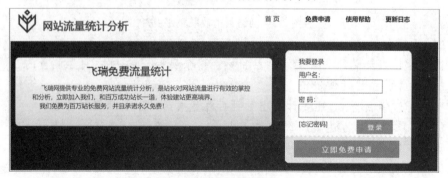

图7.4 "飞瑞统计"网站流量统计平台

图7.5 "腾讯分析"网站

步骤2:用QQ软件扫描二维码登录腾讯分析网站(见图7.6)。

步骤3:添加站点(见图7.7)。

图 7.6　"腾讯分析"网站登录页面

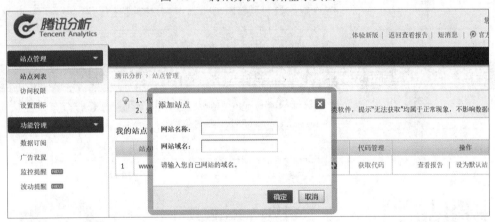

图 7.7　添加站点

步骤 4:查看网站分析概况(见图 7.8—图 7.10)。

图 7.8　网站分析概况 1

图 7.9　网站分析概况 2

图 7.10　网站分析概况 3

步骤 5:查看基础运营数据(见图 7.11)。

步骤 6:查看转化跟踪数据(见图 7.12)。

步骤 7:查看监控监测数据(见图 7.13)。

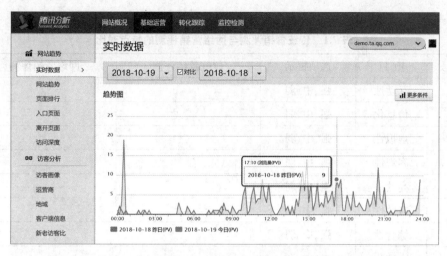

图 7.11 基础运营数据

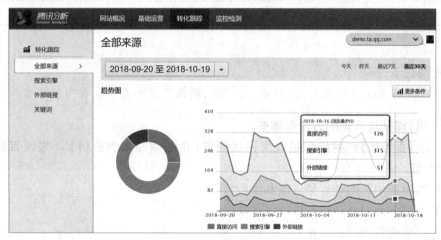

图 7.12 转化跟踪数据

图 7.13 监控监测数据

【比一比】请你运用所学知识对比传统营销评测与网络营销评测，完成表7.1。

表7.1　传统营销评测与网络营销评测的特点对比

序号	项目	选项提示	传统营销评测	网络营销评测
1	互动性	强、中、弱		
2	信息化	强、中、弱		
3	虚拟性	强、中、弱		
4	客观性	强、中、弱		
5	高效率	强、中、弱		
6	有效性	强、中、弱		
7	综合性	强、中、弱		
8	全球化	强、中、弱		
9	成本	高、低		

友情提示

参与博客论坛等社区交流、讨论、发文章，提供可以免费下载有用的内容等。

【想一想】提升访问量的方法有哪些？

【搜一搜】百度搜索"网络营销效果评估报告【企业网站案例分析】"（来源百家号），并理解报告大意。

(1)报告中采用了哪些评估方法和手段？

(2)从哪些方面对企业网站进行了评估？

(3)从评估中获得哪些结论？

活动评价

黄静和李龙通过自学掌握了网络营销效果测评的方法与原理，并初步总结公司网上商城在开展网络营销活动的一些情况，为接下来公司完善网络营销活动起到重要作用。

活动2　认识网络销售数字监控

活动背景

黄静和李龙通过自学初步掌握了网络营销效果评测的基本原理和方法，接下来他们需要监控网上商城的一些销售数字，找出商城目前存在的问题，并尝试解决。

知识窗

1.网络销售数字监控的定义

网络销售数字监控是指为了更加清晰地了解企业营销整体情况，在执行营销的过程中要进行销售数据的监控，以便有效地对营销方案进行观察和调整。

2.网络销售数字监控的方法

(1)企业自己的网站服务器端安装统计分析软件

企业可以根据实际需要在网站服务器端安装统计分析软件,可以方便地获取详细的网站统计数据。

(2)第三方网站分析服务的平台

企业还可以借助第三方数据分析平台,但平台提供的数据指标是固定的,而且缺乏说服力。通常这种服务需要付费,当然也有免费的,但在数据统计和分析时会有一定限制。

3.常见网站流量监控的平台

(1)51.LA

51.LA(我要啦)是免费流量统计技术服务提供商,为互联网各类站点提供第三方数据统计分析,让你了解网站现状,把握网站脉搏(见图7.14)。

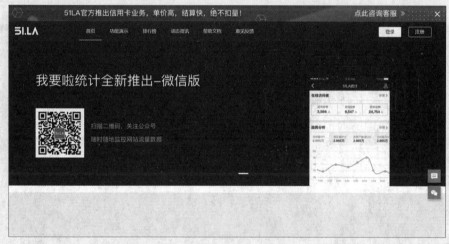

图7.14 51.LA 网站首页

主要功能:客户端、流量源、关键词、被访页、明细、排名、吸引力、引用、多 ID。

(2)CNZZ

CNZZ 是由国际著名风险投资商 IDG 投资的网络技术服务公司,是中国互联网目前最有影响力的流量统计网站之一(见图7.15)。CNZZ 网站首页的免费流量统计技术服务提供商,专注于为互联网各类站点提供专业、权威、独立的第三方数据统计分析。同时,CNZZ 拥有全球领先的互联网数据采集、统计和挖掘三大技术,专业从事互联网数据监测、统计分析的技术研究、产品开发和应用。

产品体系:站长统计、全景统计、移动统计、云推荐、广告效果分析、广告管家、数据中心。

(3)百度统计

百度统计是百度推出的一款免费的专业网站流量分析工具(见图7.16),能够告诉访客如何找到并浏览用户的网站以及在网站上做了什么,有了这些信息,可以帮助用户改善访客在用户网站上的使用体验,不断提升网站的投资回报率。

图 7.15　CNZZ 网站首页

图 7.16　百度统计网站首页

其主要功能:流量分析、来源分析、网站分析、转化分析。

活动实施

【做一做】在网站中加入百度统计。

步骤 1:首先打开百度首页,点击下图中方框标注部分"更多产品",如图 7.17 所示。

步骤 2:点击"更多产品"后会出现下面的内容,再点击"百度统计",进入统计页面。如图 7.18 所示。

步骤 3:如果你有百度站长或百度推广账号,直接输入就可以了;如果没有就继续按照以下步骤免费注册一个百度账号,如图 7.19 所示。

步骤 4:点击"免费注册"进入注册页面,按照网页要求逐个填写内容后单击"同意以下协议并注册"即可,如图 7.20 所示。

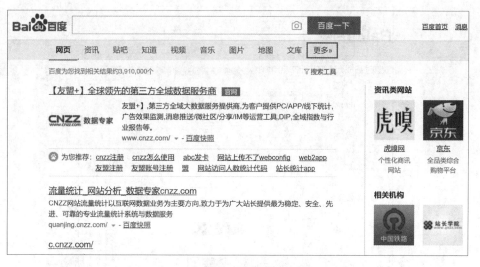

图 7.17 百度首页

图 7.18 百度页面

欢迎来到百度统计

统计/推广/联盟 账号请在此登录

请输入用户名

密码

验证码   qZVm

登录

立即注册   忘记密码

图 7.19 登录页面

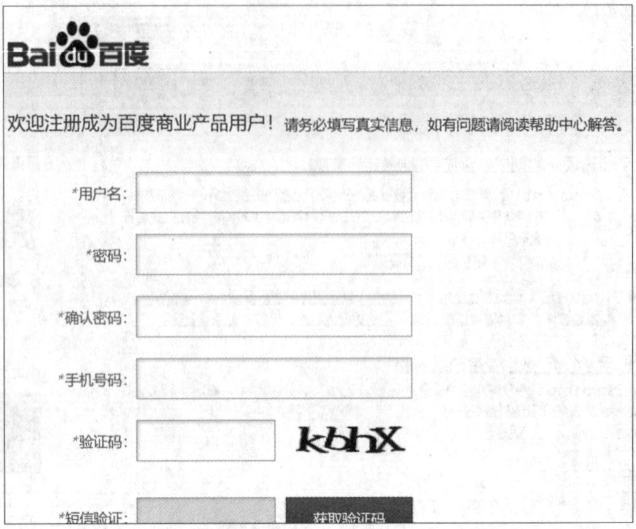

图 7.20   注册页面

步骤 5：注册完成后就用这个账号登录百度统计，进入页面后点击屏幕上方"网站中心"。

步骤 6：点击"网站中心"进入页面后，在右上角点击"新增网站"。

步骤 7：点击"新增网站"后会弹出一个对话框，在这个对话框中填写你想要做统计的网站地址。

步骤 8：网站添加完成后，点击网页左侧的"代码获取"。

步骤 9：点击"立即一键安装"后就出现以下页面，在页面中填写你空间的 FTP 账号及密码。

步骤 10：系统就会自动将代码安装到你的网站中。

活动评价

黄静和李龙通过自学掌握了网络销售数字监控的方法，并学会用第三方数据统计平台初步统计公司网上商城的一些数据指标，为接下来公司调整网络营销活动起到重要作用。

合作实训

实训名称：黄静和李龙打算在 CNZZ 网站上为云（孕）Baby 母婴与怀孕育儿网上商城进行一次网站流量监控工作，以便为日后调整企业营销策略做好数据支持。如图 7.21 所示是 CNZZ 网站统计界面。

实训目的：通过实训帮助学生初步学会在第三方数据统计平台进行简单统计的操作，同时培养学生掌握一定的网络应用操作技能，以及培养学生的团队合作精神。

实训过程：学生通过小组（每组 3 人，推选一名组长，由组长根据小组情况进行任务分工）共同完成在第三方数据统计平台进行简单统计的操作。

步骤 1：针对云（孕）Baby 母婴与怀孕育儿网上商城的经营情况，分析要统计的数据指标是什么。

步骤 2：在 CNZZ 网站上注册账号。

步骤 3：在 CNZZ 网站添加站点需要填写的资料。

图 7.21　CNZZ 网站统计界面

任务 2　流量转化

情境设计

目前云(孕)Baby 母婴与怀孕育儿网上商城通过评测指标和数字监控一段时间得到一些数据,发现无论是使用哪种网络营销手段,其目的在于把众多的访问者(也就是流量)带到了企业网站,即获取销售机会,促进销售。如何使这些访问者成为云(孕)Baby 母婴与怀孕育儿网上商城的顾客,也就是将流量转化,这是企业开展网络营销的一个重要环节。

任务分解

陈伟将流量转化任务分解为流量统计分析的常用指标和从流量统计中发掘机会,为此他把这次任务分配给做直投的黄静和李龙去完成。

活动 1　认识流量统计分析指标

活动背景

黄静和李龙为了完成陈伟分配的任务,他们借助网络学习了什么是流量转化、为什么要流量转化,以及常用的流量统计分析指标有哪些,结合云(孕)Baby 母婴与怀孕育儿网上商城的情况,进行分析和总结,然后以书面形式汇报给陈伟。

知识窗

1.流量转化的定义

流量转化是指通过各种网络营销手段,促使访问者采取下一步行动,能够咨询、留下联系信息或发起订单,将流量变企业的商机,帮助企业获取潜在客户的信息,促进产品的销售,最终实现流量变销量,如图 7.22 所示。

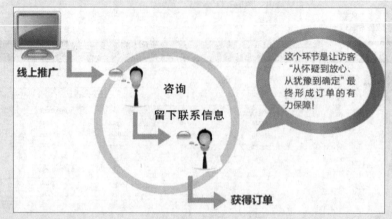

图 7.22　流量转化图解

2.流量与转化的关系

①流量是转化的基础,转化是流量价值的最终体现。

②好的网络推广产品能够有效将流量转化。

在中小企业开展网络营销的过程中,好的网络推广产品,能够帮助中小企业获取有效的流量,并且这样的流量能够给企业带来商机,从而促进产品的销售。

3.流量统计分析的常用指标

流量分析有很多指标,下面介绍最常见的几种流量分析指标。

(1)网站访问量

网站的访问量是指某一段时间内网站被访问的总人次,是网站流量最重要的指标,如图 7.23 所示。

图 7.23　Googl Analytics 分析网站截图

(2)页面浏览量

页面浏览量又称页面访问数,是指某段时间内被访问或者说被打开的页面总数。不区别 IP,一个 IP 点击几次,就按几次统计。

(3)网站停留时间

网站停留时间是用户访问网站停留的时间。网站内容越吸引人,用户自然停留的时间越长,打开的页面也越多。

（4）跳出率

它是指用户来到网站,只看了一个网页就离开的比例。它是衡量网站是否满足用户需求的重要指标。

（5）访问深度

访问深度是指用户在网站上访问了多少个页面。访问页面越多,深度越高。

（6）搜索关键词

搜索引擎关键词分析是网站流量统计分析中非常重要的一项内容,在网站统计分析系统中,可以获得两项主要内容:一是用户通过哪个搜索引擎到你的网站;二是用户使用哪些关键词检索,其中哪些关键词的使用频率较高。

（7）转化率

转化率是指在一个统计周期内,完成转化行为的次数占推广信息总点击次数的比率。计算公式为:转化率=(转化次数/点击量)×100%。转化率是最重要的流量指标之一,它可以衡量网站内容对访问者的吸引程度以及网站的宣传效果。因此,转化率是网站最终能否赢利的核心。转化率图解如图 7.24 所示。

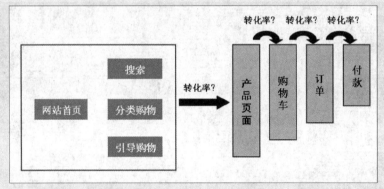

图 7.24　转化率图解

4.流量统计分析的工具

目前,能对有关数据进行统计、分析,以了解网站当前的访问效果和访问用户行为的统计分析工具有很多,下面介绍几个比较常用的流量统计分析工具。

（1）Googl Analytics 统计工具

Google Analytics(分析)不仅可以帮助企业衡量销售与转化情况,而且能为企业提供新鲜的深入信息,帮助企业了解访问者如何使用企业的网站,比如他们怎样到达企业的网站,以及企业可以如何吸引他们不断回访。如图 7.25 所示。

（2）百度统计

百度统计是百度推出的一款免费的专业网站流量分析工具,能够告诉用户访客是如何找到并浏览用户的网站以及访客在网站上做了些什么,有了这些信息,可以帮助用户改善访客在用户的网站上的使用体验,不断提升网站的投资回报率。

目前百度统计提供的功能包括趋势分析、来源分析、页面分析、访客分析、定制分析等多种统计分析服务,如图 7.26 所示。

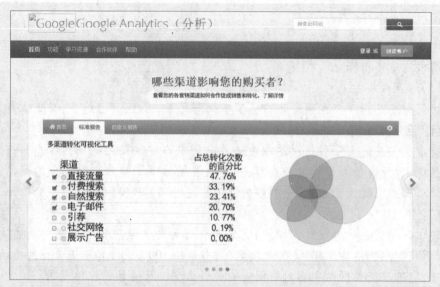

图 7.25　Googl Analytics 统计工具网站首页

图 7.26　百度统计网站首页

活动实施

【查一查】在使用搜索引擎在互联网查找时，还有哪些流量统计分析工具？

【说一说】根据图 7.27，说明统计指标分别代表什么意思。

站长统计 ｜今日IP[45] ｜今日PV[415] ｜昨日IP[216] ｜昨日PV[2110] ｜当前在线[12]

图 7.27　站长统计截图

【搜一搜】以小组为单位进行活动，每组 4~6 人。

步骤 1：上淘宝购物平台，搜一搜"抱枕被"，如图 7.28 所示。

步骤 2：挑选相同的款式，利用找同款功能，搜索相同款式的链接，如图 7.29、图 7.30 所示。

图 7.28　淘宝网

图 7.29　以图搜货

图 7.30　搜货结果

步骤3:对比两个链接的主图、详情描述、客服、评论等,运用理论判断其转化率的高低。根据表7.2填写相关内容。

表7.2　两个链接相关情况对比表

	链接 1	链接 2
链接地址		
主图		
详情描述情况		
客服情况		
总体评价情况		
问大家情况		

步骤4:小组派代表发表本组研究的结论并分析。

【议一议】销量高的链接转化率就一定高吗? 为什么?

活动评价

黄静和李龙通过自学了解和掌握了流量转化的意义和流量统计分析指标,并初步总结公司网上商城流量指标数据,为接下来公司完善网络营销活动起到重要作用。

活动2　从流量统计中发掘机会

活动背景

黄静和李龙通过自学初步掌握了流量转化的意义和流量统计分析指标的运用,接下来他们在流量统计分析工具中发掘机会,并提高商城运营效果。

知识窗

1.网站流量分析步骤

网上商城经营的好坏主要是看流量的转化效果,需要从流量统计中发掘机会,其步骤如下:

(1)抓住网站的基本流量指标信息

基本流量指标:网站访问量、唯一身份访问者数、页面浏览量、平均页面访问数、网站停留时间、跳出率、转化率等。

页面浏览量PV(page view)又称点击量,是指网站各页面被查看的次数。用户多次打开或刷新同一个页面时,该指标值累加。

访客数UV(unique visitor),是指网站各页面的访问人数。所选时间段内,同一访客多次访问会进行去重。

两者的最大区别为访客数是进行去重的,若一个顾客来了多次就会进行去重,而浏览量是每打开或者刷新都会计算一次的,不会去重。

（2）从流量数据中了解用户行为方式

可以深入了解流量来源，如直接流量、其他点击流量、搜索关键词流量，从这些来源了解用户的行为方式。这样可以让运营人员把握营销活动的重点突破口。

（3）了解网站优点、缺点

可以从访问最多页面、着陆页面、跳出率和退出页面入手。

（4）关注网站转化和效果

通过上面三步分析后，对流量指标进行横向和纵向分析，就可以得出网站、竞价排名、论坛、博客、网络广告等营销手段的运营效果情况，为企业指明方向。

2.提高转化率的方法

（1）提高网站在搜索引擎的排名

搜索引擎是用户查找信息的首选手段，提高网站在搜索引擎的排名，可以提高网站的访问量和潜在顾客。

（2）完善网站设计

企业网站是访客接触、了解企业的重要窗口，它是企业形象的体现，因此，网站设计一定要专业，取得访客的信用。网站设计版面讲解如图 7.31 所示。

图 7.31   网站设计版面讲解图

（3）做好网站实时监控

通过流量统计分析工具系统每天监测网站的访问量来源，根据对这些数据的分析，可以获得优化改进网站的依据，监控指标如图 7.32 所示。

（4）以好的产品吸引流量

好的营销产品可以帮助企业有效地将流量转化。

（5）以用户为中心

关注用户的体验感受，了解消费者最关心的问题，用户在浏览网站时能够方便找

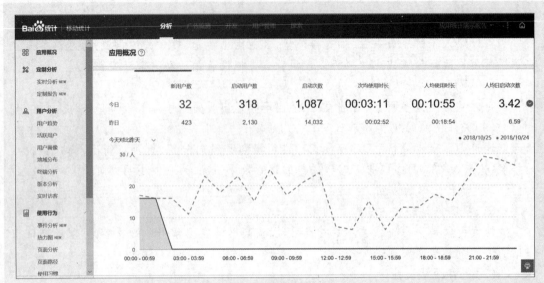

图7.32   百度统计流量指标监控截图

到自己想看的内容,以及凸显产品的特色,从而引起用户的共鸣,并勾起用户的购买欲望,甚至在线交易,帮助企业增加效益。

3.网站流量数据分析的注意事项

(1)每天做好网站监控和收录

企业每天要安排人对网站进行监控和记录收录情况,以便对网站有详细了解,并能判断出什么时间段更新站内文章更有效率。

(2)观察网站流量和来访

对于每个网站,观察、分析流量和来访都是很关键的两方面,可以完全根据这两个方面的信息调整下一步的工作计划方案。

(3)从网站日志看蜘蛛来访规律

对网站日志进行查看分析可以直观了解网站的基本情况,可以清楚地知道用户在什么时间、用什么操作系统、什么浏览器的情况下访问了网站的哪个页面,是否访问成功。

活动实施

【做一做】查看有赞小店数据。

步骤1:打开手机软件应用商店,下载有赞微小店APP。

步骤2:注册有赞微小店账号。

步骤3:进入小店,点击添加商品—市场选货,如图7.33、图7.34所示。

步骤4:进入市场挑选自己想要销售的产品,点击上架到店铺,如图7.35、图7.36所示。

步骤5:小店→商品管理→点开"商品链接"→推广,如图7.37所示。

步骤6:查看后台数据,统计访客人数与订单数,推算出当天的转化率,如图7.38所示。

步骤7:分析自己店铺近期转化率高/低的原因。

图 7.33　小店页面

图 7.34　添加商品

图 7.35　市场选货

图 7.36　商品详细信息

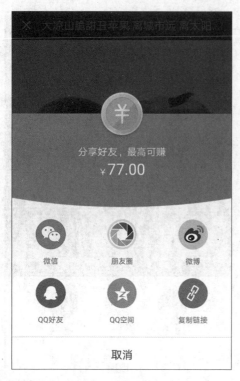

图 7.37　推广商品

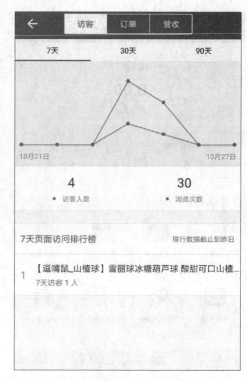

图 7.38　查看后台数据

【想一想】网站访问量、页面浏览量、平均页面访问数要达到多少网页才能说明该网站对访问者有吸引力?

【练一练】请你运用所学知识讨论对比美丽说公司采用的网络营销手段的效果,完成表7.3。

表 7.3　美丽说采用网络营销手段的效果

营销手段	版面设计	用户方便性	营销效果	优缺点
美丽说网站				
美丽说贴吧				
美丽说微博				
美丽说公众号				
美丽说 APP				

【试一试】请你尝试在"百度统计"注册一个推广账号,并查看"百度统计"里面流量报告包含的内容。

步骤 1:利用搜索引擎查找"百度统计",如图 7.39 所示。

图 7.39　百度统计网站首页

步骤 2：在"百度统计"网站注册一个推广账号，选择注册"百度统计客户版"（见图7.40），接下来进行"验证账户"（见图 7.41）和"完善信息"（见图 7.42），同意协议（见图7.43）后就可以注册成功（见图 7.44）。

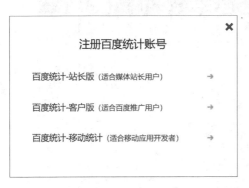

图 7.40　选择注册类型

图 7.41　验证账户

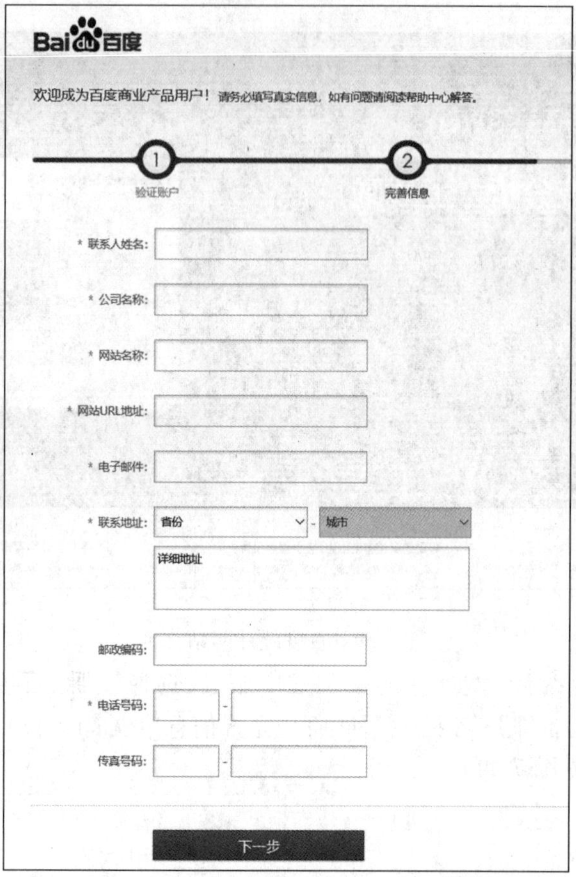

图 7.42　完善信息

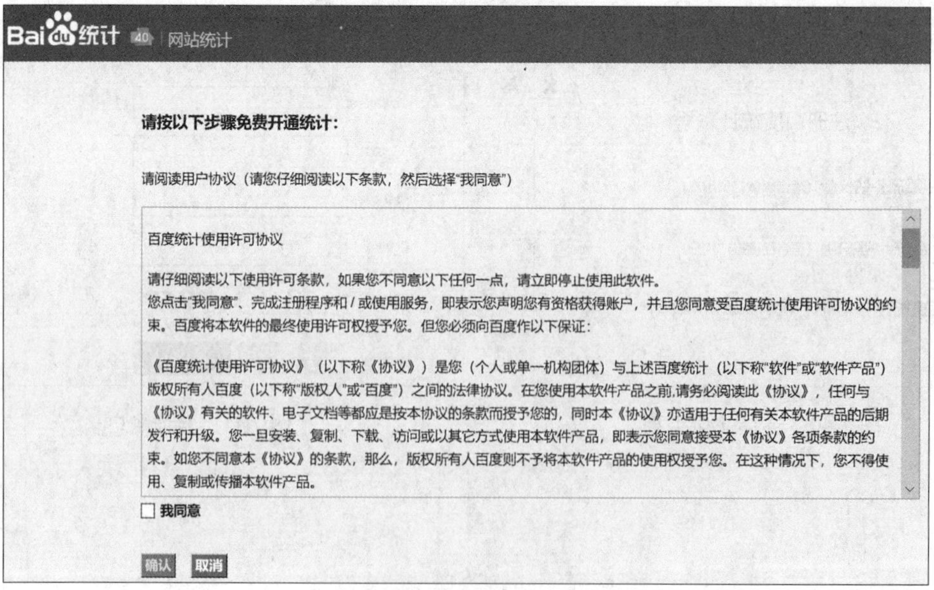

图 7.43　同意协议

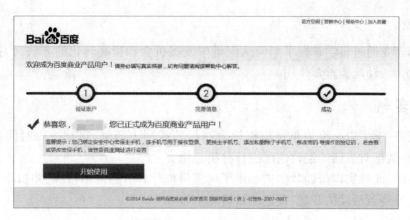

图 7.44　注册成功

步骤 3：登录"百度统计"（见图 7.45），点击"报告"（见图 7.46），查看流量统计指标。

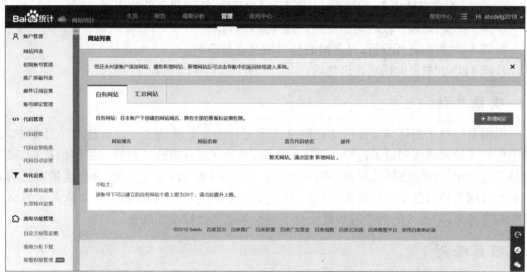

图 7.45　百度统计网站后台（1）

图 7.46　百度统计报告后台（2）

活动评价

黄静和李龙通过自学掌握了如何从流量中发掘机会和提高转化的方法,为接下来公司调整网络营销活动起到重要作用。

合作实训

实训任务:学生以小组为单位根据评测指标监控网上店铺,得到一段时间内的店铺数据,使用这些数据对店铺的经营情况进行分析总结。

实训目的:通过实训帮助学生进一步了解流量统计分析的常用指标,并初步懂得使用这些数据来指导经营活动的开展,促进流量转化。

实训过程:

步骤1:根据评测目标确定网店监控的指标和检测工具,如全店的成交转化率、波动情况、行业的平均成交转化率、访客数、出店人数、出店率、到宝贝页的点击量,等等。

步骤2:检测记录一段时间的数据。整理这些数据。

步骤3:对数据进行分析,对店铺的经营情况进行诊断。

步骤4:店铺的经营活动改进建议。

项目总结

网络营销效果测评与监控活动是网络营销运行的重要活动之一。通过本项目的学习,学生能够了解网络营销效果监控与测评的内涵,熟悉网络营销效果监控与测评的指标,以及能制订出简单的网络营销效果测评的设计方案,学会网络营销数字监控、学会流量转化的方法和能对网络销售数字进行分析、总结,撰写报告,同时培养学生有关网络营销人才的岗位技能和素养要求,为今后的学习和就业打下理论基础和做好技能准备。

项目检测

1.单项选择题

(1)下面有关网络营销效果测评的说法正确的是(   )。

A.网络营销效果测评就是对企业开展网络营销活动各环节进行评价

B.网络营销和传统市场营销都可以反馈

C.网络营销效果测评的成本高,操作复杂

D.网络营销效果评价能指导企业营销工作

(2)交互性是网络营销效果测评的特点。(   )

A.对   B.错

(3)对企业网络营销的数据监控都是免费的。(   )

A.对   B.错

(4)下面有关 PV 和 UV 的说法正确的是(   )。

A.流量和访问量   B.价格和质量

C.访问量和访客   D.印象数和转化率

(5)流量是转化的基础,转化是流量价值的最终体现。(　　)

A.对　　　　　　　B.错

(6)跳出率指的是(　　)。

A.在一个统计周期内,完成转化行为的次数占推广信息总点击次数的比率

B.指用户来到网站,只看了一个网页就离开的比例

C.用户离开网站最后一个页面的概率

D.用户跳到第二个网页的比率

2.多项选择题

(1)网络营销效果测评主要指标有哪些?(　　)

A.访问量　　B.印象数　　C.浏览时间　　D.转化率　　E.到达率

(2)网络营销效果测评主要内容有(　　)。

A.营销活动总体效益分析

B.对消费者行为分析

C.营销活动推广效益分析

D.营销活动产品效益分析

(3)网络营销数字监控的方法有(　　)。

A.企业网站自己统计

B.企业网站服务器端安装统计软件

C.第三方数据统计平台

D.企业人员在网站后台看看

3.简述题

(1)请简述提升网站浏览量的方法或技巧。

(2)请简述监控网络营销销售数据的好处。

(3)请简述对网站流量统计指标分析的好处。

(4)请简述如何从流量中发掘机会。

参考文献

[1] 张卫东.网络营销理论与实践[M].4版.北京:电子工业出版社,2013.

[2] 陈韬.21世纪市场营销在企业中所面临的问题及对策[J].现代经济信息,2009(5).

[3] 马佳琳.淘宝开店与营销圣经[M].北京:科学出版社,2011.

[4] Martha McEnally.消费者行为学案例[M].袁瑛,等,译.北京:清华大学出版社,2004.

[5] 邓乔茜,王丞,周志民.社会化媒体营销研究述评[J].外国经济与管理,2015,37(1).